Ylva Ellneby

Die Entwicklung der Sinne

Wahrnehmungsförderung
im Kindergarten

Das schwedische Original erschien
unter dem Titel „Barns rätt att utvecklas"
© Sveriges Utbildningsradio Ab
Swedish Educational Broadcasting Company, 1991

Die Deutsche Bibliothek – CIP-Einheitsaufnahme

Ellneby, Ylva:
Die Entwicklung der Sinne : Wahrnehmungsförderung im
Kindergarten / Ylva Ellneby. –
Freiburg im Breisgau :
Lambertus, 1997
ISBN 3-7841-0936-5

Alle Rechte vorbehalten
© Lambertus-Verlag, Freiburg im Breisgau
2. Auflage 1998
Gestaltung: Christa Berger, Solingen
Illustrationen: Veronica Leo
Umschlagfoto: Uwe Stratmann, Wuppertal
Fotos im Innenteil: Christa Berger, Renate Bischoff (S. 150)
Herstellung: Druckerei F.X. Stückle, Ettenheim
ISBN 3-7841-0936-5

Ylva
Ellneby

Die Entwicklung der Sinne

Wahrnehmungsförderung im Kindergarten

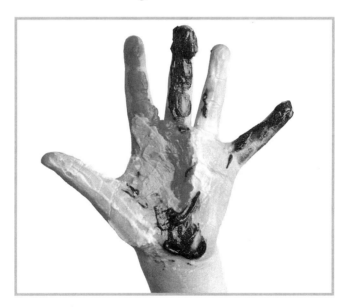

Übersetzt von Ursi Aeschbacher
Für die deutsche Ausgabe bearbeitet
von Daniel Gehrke, Susanne Natterer
und Eva-Maria Sättele
Mit einem Vorwort von Gertraud Finger

Lambertus

Inhalt

Vorwort
Gertraud Finger 7

Einleitung 13

Tastsinn – taktile Wahrnehmung 17

Die Entwicklung des Tastsinns 23
Wie der Tastsinn gefördert werden kann 25
Anregungen für die Diskussion im Team
und bei Elternabenden 28

Gelenk- und Muskelsinn – kinästhetische
Wahrnehmung 29

Die Entwicklung des Gelenk- und Muskelsinns 34
Wie der Gelenk- und Muskelsinn
gefördert werden kann 37
Anregungen für die Diskussion im Team
und bei Elternabenden 41

Bewegungssinn – Entwicklung
der Grobmotorik 43

Die Entwicklung der Bewegung 56
Wie die Grobmotorik gefördert werden kann 60
Anregungen für die Diskussion im Team
und bei Elternabenden 64

Die Hand – Entwicklung der Feinmotorik 65

Die Entwicklung der Handmotorik 75
Wie die Handmotorik gefördert werden kann 79
Anregungen für die Diskussion im Team
und bei Elternabenden 84

Inhalt

SEHSINN – VISUELLE WAHRNEHMUNG 85

Die Entwicklung des Sehens 94
Wie das Sehen gefördert werden kann 97
Anregungen für die Diskussion im Team
und bei Elternabenden 101

HÖRSINN – AUDITIVE WAHRNEHMUNG 103

Die Entwicklung des Hörens 108
Wie das Hören gefördert werden kann 111
Anregungen für die Diskussion im Team
und bei Elternabenden 116

DIE SPRECH- UND SPRACHENTWICKLUNG 117

Die Entwicklung der Sprache 123
Wie die Sprache der Kinder gefördert
werden kann 131
Anregungen für die Diskussion im Team
und bei Elternabenden 137

DIE INTEGRATION DER SINNE 139

SPIELELISTE 144

NACHWORT

Daniel Gehrke, Susanne Natterer
und Eva-Maria Sättele 148

EMPFEHLENSWERTE LITERATUR UND SPIELE 158

Die Entwicklung der Sinne

Vorwort

KINDER WOLLEN SICH ENTWICKELN

Kleine Kinder brauchen, um sich zu entwickeln, vielfältige Sinneserfahrungen. Sie riechen, schmecken, tasten, sehen und hören, um so die Umwelt und sich selbst besser kennenzulernen. Doch das ist ein langwieriger Prozeß und verlangt viel Übung. Erwachsene staunen oft, mit welcher Freude und Ausdauer Kinder bestimmte Handlungen immer wiederholen. Zehn-, zwanzig-, hundertmal können sie dasselbe Spiel spielen, ohne daß es ihnen langweilig wird. Denn ihr Spiel ist keine einfache Spielerei, sondern hilft ihnen, sich neue Fähigkeiten und Fertigkeiten anzueignen. Jedes Kind will sich entwickeln und übt deshalb eine Handlung so lange, bis es sie beherrscht.

Ist ein Entwicklungsschritt gelungen, steigern die Kinder den Schwierigkeitsgrad ihrer Aktivitäten und schaffen sich dadurch neue Anforderungen, die den nächsten Entwicklungsschritt einleiten. Die kleine Karin hat gerade gelernt, wie man Knöpfe auf- und zumacht. Mitten im Hochsommer besteht sie darauf, ihre dicke Strickjacke anzuziehen. Schwitzend sitzt sie im Garten und knöpft ihre Jacke auf und zu, auf und zu. Unermüdlich gibt sie sich selbst die Anweisung: „Nöppe auf" und einige Zeit später: „Nöppe tu".

Oder der kleine Stefan hat gerade gelernt, „wie man schreibt". Seine Kritzeleien erinnern an eine Erwachsenenschrift. Dies übt er nun unentwegt und beschreibt alles, was ihm unter die Finger kommt, das Notizbuch der Mutter, das Gästebuch der Familie, die Wand im Kinderzimmer und sogar heimlich den Wohnzimmertisch von unten.

BEEINTRÄCHTIGTE WAHRNEHMUNG FÜHRT ZU VERWIRRUNGEN

Alle Kinder wollen sich entwickeln. Doch nicht allen Kindern gelingt es gleich gut, ihre eigenen Entwicklungsschritte zu steuern. Manche Kinder haben etwas mehr Mühe, brauchen etwas mehr Zeit oder auch eine besondere Unterstützung. Ihre Welt ist nicht so klar, da ihre Wahrnehmungsfähigkeit beeinträchtigt ist. Nicht die Sinnesorgane sind gestört, sondern die Aufnahme und Verarbeitung der Reize.

Wahrnehmung ist eine sehr komplexe Leistung und bedeutet, etwas über die Sinne zu verstehen. Durch unsere Wahrnehmung erhalten wir Aufschluß über unsere Umwelt und über uns selbst. Doch dazu müssen die

Vorwort

Reize der Umgebung richtig aufgenommen werden, in den bisherigen Erfahrungsschatz des Kindes eingeordnet und verarbeitet werden. In allen drei Stufen kann es zu Störungen kommen. Wenn die Reize nicht richtig aufgenommen werden, bleibt die Welt begrenzt und der Wahrnehmungsradius ist eingeschränkt. Die Kinder sind dann häufig nur halb informiert. Sie verstehen einfach nicht, was passiert.

Können die aufgenommenen Sinnesreize nicht richtig mit bisher gespeicherten Informationen verglichen werden, können Dinge nicht wiedererkannt werden. Die Welt besteht dann aus vielen Einzelinformationen, die keine Bedeutung haben. Alles bleibt belanglos. Können die über verschiedene Sinneskanäle aufgenommenen Einzelreize nicht richtig verbunden und verarbeitet werden, ergibt sich kein klares Bild von der Umwelt. Vieles in der Alltagswelt der Kinder bleibt dann verwirrend, nicht faßbar und dadurch auch angsterregend.

HIERZU EINIGE BEISPIELE:

- Manche Kinder haben eine geringe Erfassungsspanne. Es fällt ihnen schwer, mehrere Reize gleichzeitig aufzunehmen und zu ordnen. Der vierjährigen Sylvia zum Beispiel bereitet es Mühe, akustische Reize ihrer Umgebung aufzunehmen, wenn zu viel anderes passiert. In der Einzelsituation ist sie völlig unauffällig. Im Kindergarten jedoch weiß sie oft nicht, was gefordert wird. Zum Beispiel stehen alle Kinder auf einer Bank. Sylvia steht stolz und glücklich zwischen den anderen Kindern. Auf Kommando springen alle herunter, nur Sylvia bleibt oben stehen. Erschreckt und verwirrt blickt sie sich um. Was ist passiert? Warum steht sie ganz alleine auf der Bank? Eben war sie doch noch zwischen all den anderen. Hilflos blickt sie zur Erzieherin. Solche Situationen erlebt Sylvia häufig. Immer wieder steht sie völlig orientierungslos und verwirrt da, wenn alle anderen wissen, was sie zu tun haben.
- Bei anderen Kindern ist das Gleichgewichtsorgan und Tastempfinden unterentwickelt. Die Wahrnehmung des eigenen Körpers bleibt deshalb ungenau. Die Kinder erhalten nur vage Informationen über sich selbst. Paul gehört zu den Kindern, die sich wenig spüren. So muß er auf dem Stuhl hin- und herrutschen, um sich zu vergewissern, daß er dort wirklich sitzt. Er bewegt sich hektisch und waghalsig, tobt und

Vorwort

springt, schreit laut und ist dabei ständig auf der Suche nach Rückmeldung über die Stellung seines Körpers im Raum und letztlich über sich selbst. Doch diese Unruhe, dieses Hin-und-Her bringt ihm auch nur ungenaue Informationen.
- Torsten dagegen reagiert überempfindlich auf Berührungsreize. Wo Paul zu wenig spürt, spürt er zu viel und zu intensiv. So werden ihm Berührungen schnell unangenehm und sogar schmerzend. Er zieht sich zurück, bewegt sich ungern und will noch weniger von anderen bewegt und umarmt werden. Körperkontakt wehrt er ab.

Kindern mit Wahrnehmungsstörungen wird oft Unrecht getan

Alle drei Kinder haben Probleme, die sie umgebenden Reize sinnvoll aufzunehmen und zu verarbeiten. Alle drei leben in einer verwirrenden, unklaren Welt. Jedes Kind sucht seinen Weg, um mehr Klarheit, mehr Rückmeldung zu bekommen:

- Sylvia, die auf Grund ihrer verminderten Erfassungsspanne vieles überhört und übersieht, läuft ständig zur Erzieherin und fragt sie, was zu tun ist. Die Erzieherin erlebt Sylvia als anstrengend, kleinkindhaft und unaufmerksam.
- Paul versucht durch hyperaktives Verhalten sich selbst besser zu spüren und zu verstehen. Dies erleben die Erzieherinnen als störend, provozierend und böse.
- Thorsten dagegen wehrt sich mit Rückzug und Berührungsabwehr auf ihn überschwemmende Reize. Für die Umgebung ist sein Verhalten kränkend.

So werden die Kinder oft für ihr Verhalten getadelt, obwohl sie selbst nicht wissen, was sie falsch gemacht haben. Sie wollen ihre Umgebung nicht ärgern, sondern nur sich selbst helfen, ihre Umwelt klarer zu erleben. Zu der ohnehin verwirrenden Umwelt kommt jetzt noch eine für die Kinder unverständliche Mitwelt. Sie verstehen nicht, warum man ihnen böse ist und warum gerade sie ausgeschimpft werden. Manchmal glauben sie, daß niemand sie mag oder daß sie wirklich böse sind. So entwickeln sie ein negatives Bild von sich selbst und reagieren häufig mit Verhaltensauffälligkeiten, auf die die Umgebung dann wieder negativ reagiert.

 Vorwort

Bei etwa einem Drittel der wegen Verhaltensauffälligkeiten in Beratungsstellen vorgestellten Kindern liegt eine Störung der Reizaufnahme oder Reizverarbeitung vor. Je nach theoretischem Standpunkt oder Schule wird diese Störung unterschiedlich benannt: Wahrnehmungsstörung, Sensorische Integrationsstörung, Psychoorganisches Syndrom, Minimale cerebrale Dysfunktion, Teilleistungsstörung.

Wie die Störung auch bezeichnet und theoretisch begründet wird, immer handelt es sich um Kinder, die durch eine beeinträchtigte Wahrnehmung ihre Umgebung und sich selbst nicht klar erfassen können und deshalb auch nicht wie gewünscht reagieren. Da die Umgebung von dieser Störung nichts weiß und sich auch nicht in die Kinder hineinversetzen kann, werden übliche Erklärungen gefunden. Die Kinder gelten als unaufmerksam, als schwer zu erziehen oder gar als böse, und mit dem Satz: „Er könnte, wenn er nur wollte" werden erzieherische Maßnahmen und Strafen gerechtfertigt. So wird den Kindern häufig Unrecht getan.

Es ist ein Buch zur Unterstützung der Wahrnehmungsentwicklung.

Das Buch von Ylva Ellneby soll verhindern, daß Kinder mit einer beeinträchtigten Wahrnehmung sich zu verhaltensauffälligen Kindern entwickeln.

Es ist ein präventives Buch.

Es bietet einen schnellen, leicht zugänglichen Überblick über die kindliche Entwicklung und die Entfaltung der einzelnen Sinnesbereiche. Mit einfachen, kindgerechten Übungen zur Förderung können Eltern und Erzieherinnen die Entwicklung der Kinder unterstützen und Auffälligkeiten vorbeugen.

Es ist ein diagnostisches Buch.

Erzieherinnen und Eltern spüren oft, „daß bei einem Kind etwas nicht stimmt", können es aber nicht benennen. Die klare und übersichtliche Darstellung der Entwicklung einzelner Sinnesbereiche und möglicher Störungen dieser Entwicklung läßt die erwachsenen Bezugspersonen schnell erkennen, wo ein Kind den seinem Alter entsprechenden Entwicklungsstand nicht erreicht hat.

Vorwort

Es ist ein therapeutisches Buch.

Wird ein nicht altersentsprechendes Verhalten oder eine Beeinträchtigung in der Sinneswahrnehmung festgestellt, bietet das Buch viele Beispiele, wie durch entsprechende Stimulation die einzelnen Sinnesbereiche gefördert und entwickelt werden können. Die Beispiele sind sehr kindgerecht. Lieder, Spiele, Anregungen für den Umgang mit Material sind so ausgewählt, daß sie den Kindern Spaß machen und ihre Entwicklung spielerisch fördern. Dieses Buch soll Eltern und Erzieherinnen zeigen, wie sie Kinder mit geringfügigen Störungen therapeutisch unterstützen können. Bei Kindern mit schweren Störungen bedarf es zusätzlicher therapeutischer Erfahrung. Die Kinder müssen dann an andere Einrichtungen überwiesen werden. Doch können die vielen kindgerechten Übungen aus diesem Buch jede therapeutische Situation bereichern.

Es ist ein praktisches Buch.

Das Buch ist gut gegliedert und sehr übersichtlich. Da jedes Kapitel nach dem gleichen Schema aufgebaut ist, kann das Buch wie ein Nachschlagewerk benutzt werden. Jedes Kapitel ist einem Sinnesbereich gewidmet. Es beginnt mit der Darstellung der Entwicklung dieses Sinnes. Dann werden mögliche Störungen der Entwicklung besprochen. Es folgt eine nach Altersstufen gegliederte Tabelle über die einzelnen Entwicklungsschritte von der Geburt bis zum siebten Lebensjahr. Beispiele, wie die Sinne gefördert werden können, schließen sich an. Jedes Kapitel schließt mit Fragen zum Nachdenken zum Beispiel über eigene Sinneserfahrungen und schlägt Themen für Elternabende vor.

Es ist ein Buch, das Kinder stark machen will.

Der Titel der schwedischen Originalausgabe heißt: „Das Recht der Kinder, sich zu entwickeln." Dieser Titel zeigt, daß Ellneby den Entwicklungskräften der Kinder vertraut und sie in ihrer Eigenständigkeit achtet. Aufgabe der Erwachsenen ist es, die Kinder darin zu unterstüzen, das zu lernen, was sie wollen und brauchen.

Vorwort

Auch wenn das Buch viele Beispiele zur Entwicklungsförderung enthält, geht es nicht um einen starren Förderplan. Entwicklungsförderung kann nur gelingen in einer das Kind achtenden Atmosphäre. Deshalb ist die Haltung der Erzieherinnen und Eltern dem Kind gegenüber wichtiger als alle Anregungen und Angebote.

Es ist ein Buch aus dem Lande der „Pipi Langstrumpf", dem stärksten und eigenständigsten Mädchen der Kinderliteratur, und soll dazu beitragen, daß Kinder stark und eigenständig werden.

Gertraud Finger

Einleitung

Ich widme dieses Buch all jenen begeisterten und engagierten Kolleginnen und Kollegen, denen ich bei meiner täglichen Arbeit begegnet bin und die in den letzten acht Jahren meine Kurse über die Entwicklung der Motorik, der Wahrnehmung und der Sprache von Kindern besucht haben. Die Idee zu diesem Buch entstand in der Zeit, in der ich als Erzieherin arbeitete und feststellen mußte, daß es keine praktikable Methode gibt, um jedes einzelne Kind so objektiv wie möglich einer bestimmten Entwicklungsstufe zuzuordnen. Es fehlte auch an Methoden, um herauszufinden, wie Kinder durch freies Spiel, durch kreative Angebote und organisierte Aktivitäten unterstützt und gefördert werden können.

Während meiner Arbeit als Heilpädagogin an einer Schule für Erzieherinnen in Stockholm stieß ich auf eine Forschungsarbeit über die Entwicklung der Motorik und des Wahrnehmungsvermögens bei Kindern. Auf der Grundlage dieser Studie der dänischen Physiotherapeutin Britta Holles beschreibe ich eine Methode, die in Kindergärten eingesetzt werden kann und die sich auf die Erkenntnisse über die verschiedenen Entwicklungsstufen eines Kindes stützt. In meiner praktischen Arbeit in Kindertagesstätten, mit Kindern von Einwanderern, Kindern mit Sprach- und Entwicklungsauffälligkeiten sowie mit behinderten Kindern habe ich mein Wissen erweitert. Darüber hinaus sind beachtliche Fortschritte in der Erforschung der kindlichen Entwicklung gemacht worden, und unsere Kenntnisse über das Gehirn, die Wichtigkeit der Reflexe und die Funktion der Augen haben sich erweitert.

Im Laufe der letzten Jahre hatte ich Gelegenheit, mein Wissen in verschiedenen Teilen der Welt, insbesondere bei vier Aufenthalten von insgesamt elf Monaten in Argentinien in einem Projekt für Straßenkinder auszuprobieren und zu vertiefen. Bei diesen Begegnungen mit Kindern aus verschiedenen Kulturen konnte ich feststellen, daß überall auf der Welt Kinder dieselben Anregungen brauchen, um sich entwickeln zu können. Alle Kinder können sich mit entsprechender Unterstützung gleichermaßen entwickeln, auch wenn sie unter sehr schwierigen Bedingungen leben müssen.

Einleitung

Vorab möchte ich einige wichtige Begriffe klären: Durch *Bewegungsaktivitäten* wird die Motorik entwickelt. Der Säugling wird anfänglich durch Reflexe gesteuert und entwickelt sich schrittweise bis zum Schulalter zu einem Kind, das sich frei bewegen und seine Bewegungen bewußt steuern kann. Das Kind rollt, krabbelt, läuft, rennt, hüpft und spielt Fußball.

Wahrnehmung bedeutet, etwas mit den Sinnen zu erfassen und zu verstehen. Was Kinder sehen, hören und fühlen, verbindet sich zu einem Ganzen, das in gleichem Maße aufgearbeitet und interpretiert werden kann, wie Erfahrungen das Kind gelehrt haben, Sinneseindrücke zu verstehen. Wahrnehmungsvermögen bedeutet nicht, daß Menschen gut sehen, hören und fühlen können. Wahrnehmungsvermögen ist die Fähigkeit, Sinneseindrücke zu deuten. Dieser Vorgang findet im Gehirn statt. Um sich zu entwickeln, ist die Interaktion zwischen motorischen Aktivitäten und den verschiedenen Wahrnehmungsbereichen notwendig. Dies geschieht am besten, wenn Kinder spielen, ihre Umgebung erforschen und Zusammenhänge verstehen wollen. Alle Entwicklung folgt einem Muster mit einer bestimmten Reihenfolge: z.B. lernen Kinder erst sitzen, dann krabbeln, gehen und schließlich hüpfen. Sie lernen einzelne Wörter, bevor sie in Sätzen sprechen können. Wir müssen dabei immer bedenken, daß das, was „normal" ist, auch deutlich variieren kann. *Alle Kinder entwickeln sich zwar in derselben Reihenfolge, jedoch in sehr unterschiedlicher Geschwindigkeit.*

Dieses Buch handelt von der Entwicklung der Motorik, der Wahrnehmung und der Sprache des Kindes. Gleichzeitig mit den motorischen Aktivitäten und der Wahrnehmung entwickelt das Kind Gefühle und soziale Fähigkeiten: Es ist wichtig, die persönliche Situation des Kindes zu kennen, um es verstehen und ihm die richtigen Anforderungen stellen und die entwicklungsgemäßen Anregungen geben zu können.

Die Frage, warum es wichtig ist, den Entwicklungsstand eines Kindes zu kennen, möchte ich mit drei Beispielen aus unterschiedlichen Erdteilen beantworten:

Die sieben Jahre alte Carina lebt in einem Slum in Argentinien. Sie geht dort in die Schule und verbringt die Stunden nach Schulschluß in einer Casa de los Niños, einem Tages- und Freizeitzentrum für Straßenkinder. Um die Kinder auf die Schule vorzubereiten, die nach der Sommerpause im Februar beginnen wird, üben wir mit ihnen. Carina kommt in die Gruppe, in der wir rechnen. Nachdem sie ständig bei ihren Freundinnen

Einleitung

und Freunden abgeschrieben hat, setzen wir sie in eine Ecke. Erst dann fällt uns auf, daß sie die Bedeutung der Zahlen nicht kennt und daß sie bis zu diesem Zeitpunkt ausschließlich ihre Freundinnen und Freunde nachgeahmt hat, ohne selber ihr Tun zu verstehen.

Die Kinder in einer neuen Vorschule in einem Flüchtlingscamp im Sudan bekommen zum ersten Mal Papier und Bleistift. Obwohl sie bereits sechs Jahre alt sind, beginnen sie damit, Punkte, Linien und Kritzeleien aufs Papier zu bringen, wie dies Kleinkinder anfangs auch tun. Nach ungefähr drei Monaten können sie Hütten, Bäume und alles andere zeichnen, was sie aus ihrer unmittelbaren Umgebung kennen. Alle Kinder müssen alle unterschiedlichen Entwicklungsstufen durchlaufen, und zwar von Anfang an.

Der fünfjährige Peter geht in ein schwedisches Tagespflegezentrum, in dem sich viele gleichaltrige Kinder aufhalten. Peter ist dem Körper nach eher klein, was seine intellektuellen Aktivitäten betrifft, jedoch vorlaut. Er ist besserwisserisch und erträgt es nicht, wenn ein anderes Kind gewinnt oder Recht bekommt. Er weint dann bitterlich, zieht sich auf die Toilette zurück – die auch dann sein Rückzugsort ist, wenn von ihm körperliche Bewegung verlangt wird – und schlägt sich selbst. Wir erleben Peter als ein Kind, das enorme Forderungen an sich stellt und Rückschläge nur mit großen Schwierigkeiten verkraftet. Bei einem Gespräch mit seinen Eltern wird deutlich, daß an den Wochenenden so gut wie nie körperliche Aktivitäten stattfinden, so daß ihnen bis zu diesem Zeitpunkt Peters Abneigung gegen Bewegung noch gar nicht aufgefallen war. Wir überlegen, was Peter kann, und finden heraus, daß er in beinahe allen Bereichen überdurchschnittlich entwickelt, in seinen motorischen Fähigkeiten aber ernsthaft zurückgeblieben ist. Hier muß er gefördert werden. Wir beginnen mit Spielen, in denen er kriechen, rollen muß oder ein Flugzeug nachahmt. Zunächst ist Peter voller Ablehnung, allmählich läßt er sich begeistern, bis er schließlich mit den verschiedenen Spielen nicht mehr aufhören will. Seine Eltern konnten Peters Problem anfangs überhaupt nicht verstehen, ließen sich dann aber motivieren, selber aktiver zu werden und Peter einzubeziehen.

Peters Neigung, auszuweichen und Ausreden zu erfinden, sind durchaus übliche Verhaltensweisen. Deshalb ist es manchmal nicht einfach, Probleme normal entwickelter Kinder zu erkennen. Oft verstecken oder überspielen sie die Bereiche, die sie weniger gut beherrschen und zeigen uns Betreuerinnen und Betreuer nur noch das, was sie gut können.

Einleitung

Trotz der Schwierigkeiten bei der Bestimmung der Gründe, warum ein Kind nicht genauso lernt wie ein anderes, ist es meistens möglich, seine Situation zu verbessern. Kinder können die Fähigkeiten, die ihnen fehlen, schnell aufholen, wenn ihnen dabei geholfen wird. Man muß nur beginnen, wo sie stehen und die Entwicklungsschritte darauf aufbauen. Wenn Kindern im Kindergarten geholfen würde, hätten viele von ihnen keine Probleme in der Schule, und das wiederum wäre wirklich eine Unterstützung für Kinder, Eltern und Lehrer.

Ich wünsche diesem Buch, daß es als Handbuch für die praktische Arbeit in den Kindergärten verwendet wird. Die Tabellen darüber, was Kinder „normalerweise" in den verschiedenen Altersstufen in unterschiedlichen Bereichen können, sollen als Leitfaden für einen schnellen Überblick über die kindliche Entwicklung dienen. Nur wer weiß, in welchen Schritten sie verläuft, kann entwicklungsgemäße Forderungen an ein Kind stellen und entsprechende Anregungen geben. Ich hoffe, daß dieses Buch zu strukturiertem Arbeiten anregt und daß es möglichst viele Gespräche über die Entwicklung von Kindern in Gang setzt.

Ylva Ellneby

TASTSINN
TAKTILE WAHRNEHMUNG

Überall auf dem ganzen Körper finden wir in der Haut und den Schleimhäuten Tastzellen. Der Tastsinn ist ein grundlegender Sinn für unser körperliches und seelisches Wohlbefinden. Berührung ist entscheidend für das gesamte Nervensystem, sie gibt Impulse an die Teile im Gehirn, die zuständig sind für die Entwicklung anderer Sinne. Außerdem steht Berührung in direktem Zusammenhang mit Gefühlen und Kontakten zu anderen Menschen.

Die Todesrate in einem europäischen Kinderheim war sehr hoch. Ein Kind, dessen Bett neben der Eingangstüre stand, nahm an Gewicht zu, war ausgeglichen, und es ging ihm augenscheinlich besser als allen anderen im ganzen Heim. Es stellte sich heraus, daß sich die Putzfrau nach getaner Arbeit auf einen Stuhl neben der Türe setzte, aß und dabei mit dem Kind plauderte, es streichelte und an sich drückte. Gefühle und Berührung sind lebenswichtig. Fehlen sie, können wir sterben.

Tastsinn – taktile Wahrnehmung

Der amerikanische Forscher Harry F. Harlow führte Experimente durch, in denen er neugeborene Affen mit künstlichen „Müttern" großzog. Einige der Mütter waren aus Draht, andere aus Stoff. Harlow beobachtete, wie sich Affenbabys mit der Stoffmutter in Sicherheit wähnten, wie sie diese umarmten, auf ihr herumkletterten und wie sie sich von ihr in Angstsituationen beruhigen ließen. Ganz anders fühlten sich die Affenbabys mit der Stahldrahtmutter, sie waren unsicher und unfähig, irgendeine emotionale Bindung zu entwickeln. Stattdessen begannen sie, sich selbst zu verletzen.

Als ich ein Kinderheim in Jordanien besuchte, erzählte mir der Direktor von Zwillingen, die sich in ihrer Obhut befanden und von denen eines mit einer Gaumenspalte geboren worden war. In diesem Kinderheim wurden die Kinder zum Essen nicht aus ihren Bettchen genommen, die Fläschchen waren an Haltern festgemacht. Da das Kind mit der Gaumenspalte nicht saugen konnte, waren die Angestellten „gezwungen", das Kind auf den Arm zu nehmen. Es entwickelte sich gut, während das Geschwisterkind nur wenig zunahm und deutliche Zeichen einer Depression zeigte.

Der Tastsinn in der Haut und Schleimhaut wird durch Druck angeregt. Das Tastgefühl ist dort am größten, wo die Tastzellen am dichtesten nebeneinander liegen, z.B. auf der Zungenspitze und in den Fingerkuppen. Am weitesten voneinander entfernt sind die Tastzellen auf der Rückenhaut. Deshalb ist es schwierig für ein Kind, die Anzahl der Finger zu erraten, die seinen Rücken berühren. Wir müssen also wissen, daß ein Kind zahlreiche Erfahrungen mit seinem Rücken braucht, um ein differenziertes Körpergefühl zu entwickeln.

In Schweden wurde Berührung immer unterbewertet. In vielen anderen Ländern sind Körperkontakt und Berührung weit selbstverständlicher. Während meiner Arbeit in einem Projekt für Straßenkinder in Argentinien fiel mir die körperliche Nähe der Menschen auf. Die Kinder und Angestellten in diesem Projekt küßten und umarmten sich häufig während der Arbeit und beim Spielen. Die Kinder dachten sich Spiele aus, in denen Berühren und Berührtwerden eine große Bedeutung besaßen. Bei einem unserer Besuche auf dem Spielplatz war es sehr warm, die Kinder kletterten auf einem raketenähnlichen Klettergerüst. Für mich war es zu heiß, ich nahm am Spiel nicht teil, setzte mich in die Schaukel und schaute zu. Die Kinder spielten, sie flögen mit der Rakete nach Schweden. Dort angekommen, kletterten alle herunter und stellten sich in eine Schlange, um mich nach der Begrüßung zu küssen. Nach einigen Minuten war die Zeit

Tastsinn – taktile Wahrnehmung

gekommen zurückzufliegen, und sie wollten Abschiedsküsse. Auf diese Weise hatten sie dafür gesorgt, daß sie während des Spiels immer die körperliche Zuwendung bekamen, die sie brauchten.

Kinder, insbesondere kleine Kinder, brauchen eine Menge Berührung und Kontakt. Eine gute Möglichkeit dazu sind Massagen, und es gibt einige bewährte Methoden, wie Säuglinge massiert werden können.

Massage brauchen insbesondere:

Frühgeburten

Ein in den USA durchgeführtes Experiment, bei dem zu früh geborene Babys eine Säuglingsmassage bekamen, wurde mit sehr guten Ergebnissen abgeschlossen. Die daran beteiligten Säuglinge entwickelten sich schneller, nahmen mehr an Gewicht zu und hatten weniger neurologische Probleme als diejenigen, die auf die bis dahin übliche Weise behandelt worden waren.

Nach Kaiserschnitt geborene Säuglinge

Sie haben die wichtigste erste Taststimulation verpaßt – die des Geborenwerdens.

Behinderte Säuglinge in ihrer ersten Lebensphase

Auch bei Kindern, in denen viele andere Sinneswahrnehmungen nicht altersgemäß entwickelt sind, kann der Tastsinn wichtige Erfahrungen vermitteln. Ich habe mit einigen behinderten Kindern gearbeitet, bei denen Berührung eine der wenigen Möglichkeiten darstellte, mit ihrer Umwelt in Beziehung zu treten. Berührung regt an, selber tastend Kontakt aufzunehmen. Durch frühzeitiges und häufiges Berühren wird darüber hinaus die Entwicklung des Nervensystems angeregt. Viele Tiere lecken ihre neugeborenen Nachkommen direkt nach der Geburt ausgiebig ab und regen sie durch diese Berührung stark an.

Am allerwichtigsten für die Entwicklung des Menschen ist der frühzeitige und häufige Körperkontakt. Ein Säugling sollte so oft wie möglich getragen, geschaukelt, geküßt, massiert, seine Arme und Beine sollten bewegt, er sollte angeschaut, mit ihm sollte geschmust und geredet werden. Unser ganzes Leben lang sind Körperkontakt und Berührung wichtig. Berührung fördert unsere individuelle Lernfähigkeit, sie unterstützt und fördert die Entwicklung des gesamten Nervensystems.

Tastsinn – taktile Wahrnehmung

BERÜHRUNGSABWEHR

Manche Kinder reagieren auf Berührungen sehr abwehrend. Neben psychologischen Gründen kann hierfür die physiologische Unfähigkeit ausschlaggebend sein, Sinneseindrücke richtig verarbeiten und einordnen zu können. Die meisten Menschen empfinden großes Unbehagen, wenn sie spüren, wie eine pelzige Spinne ihren Arm hochkriecht. Wenn sie allerdings bemerken, daß es sich nicht um eine Spinne, sondern um einen Grashalm handelt, verschwindet das Unbehagen. Ganz anders ein Kind mit Berührungsabwehr: Weil Berührungserfahrungen für diese Kinder häufig mit unangenehmen Gefühlen verbunden waren, lehnen sie Körperkontakt und Berührung generell ab und geraten so in eine ausweglose Situation. Diese Kinder brauchen mehr körperlichen Kontakt als andere, haben andererseits aber Mühe, diesen zuzulassen. Wenn niemand ihr Problem erkennt, kann dies zu ernsthaften Schwierigkeiten in ihren sozialen Beziehungen führen. Es ist möglich, daß es solchen Kindern schwerfällt, in einer Warteschlange zu stehen oder sich überhaupt in der Nähe von anderen Menschen aufzuhalten.

Bei Kindern mit Berührungssabwehr können folgende Grundregeln helfen:

- Es ist besser, diese Kinder vertrauensvoll und klar/eindeutig festzuhalten als zögernd und unsicher.
- Diese Kinder haben besonders große Angst vor Berührungen im Gesicht und am Kopf.
- Diese Kinder umarmen lieber selbst, als daß sie umarmt werden.
- Diese Kinder brauchen viele Angebote, um selbst tasten und berühren zu können. Es ist wichtig, ihnen Material zur Verfügung zu stellen, das ihren Tastsinn unterstützt, z.B. Ton, Sand oder Wasser und ihnen zu überlassen, auf welche Weise sie damit spielen wollen.

Grundsätzlich ist es einfacher, sich selbst zu berühren, als zuzulassen, von anderen berührt zu werden. Allerdings ist es schwierig, sich selbst zu kitzeln. Wir müssen deshalb Kinder, die Berührungen abwehren, motivieren, sich selbst Tastreize zu geben. Einem jungen behinderten Mädchen, mit dem ich gearbeitet habe, wurde erlaubt, mit einem Pinsel in ein Glas Erdbeermarmclade einzutauchen. Das war genügend Motivation für sie, ihre Lippen und ihren Mund mit dem Pinsel zu berühren und damit anzuregen.

Tastsinn – taktile Wahrnehmung

Manchen Kindern fällt es leichter, sich berühren zu lassen, wenn ihr Gleichgewichtssinn vorher stimuliert worden ist. Es kann also günstig sein, bevor man ein Spiel beginnt, bei dem man sich berührt oder mit Materialien arbeitet, die den Kindern unangenehme Gefühle verursachen, zunächst zu hüpfen, zu tanzen, sich zu drehen oder zu schaukeln.

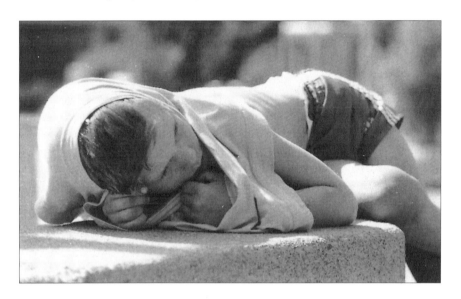

Welches Verhalten weist auf Berührungsabwehr hin?

Das Kind

- reagiert negativ, wenn sein Gesicht berührt wird;
- wehrt heftigst Friseur oder Zahnarzt ab;
- zeigt starke Abneigung gegen das Haarewaschen;
- weicht vor jeglicher Berührung durch andere Menschen zurück;
- reagiert negativ, wenn es angezogen wird;
- spielt keine Spiele, in denen Körperkontakt vorkommt;
- nimmt nicht an Gruppenaktivitäten teil;

Tastsinn – taktile Wahrnehmung

- will nicht in einer Warteschlange stehen;
- will keine kurzärmeligen Blusen oder T-Shirts anziehen;
- hat entweder ein großes Bedürfnis nach weichen Dingen, oder es meidet sie;
- reagiert sensibel auf bestimmte Stoffe;
- spielt ungern mit klebrigen Materialien;
- geht nicht gerne barfuß im Sand oder auf Gras.

Kinder mit Berührungsabwehr reagieren oft hyperaktiv, und es ist möglich, daß sie Konzentrationsschwierigkeiten entwickelt haben, da sie immer wieder unangenehmen Reizen ausweichen müssen. Dauerhafte Berührungsabwehr blockiert die Lernfähigkeit und beeinträchtigt das gesamte Verhalten.

MIT DEM TASTSINN EMPFINDEN WIR AUCH:

Wärme- und Kältegefühle

Die Haut hat Sensoren für die Empfindung von heiß und kalt. Das Kind lernt durch Erfahrung, was kalt und was heiß ist. Ein Säugling kann noch nicht selbst entscheiden, wie warm oder kalt etwas ist, und Erwachsene müssen sich darum kümmern, daß er nicht großer Kälte oder starker Sonne und Hitze ausgesetzt ist. Erwachsene müssen auch dafür sorgen, daß Kinder bei warmem Wetter genügend Flüssigkeit zu sich nehmen.

Schmerzgefühl

Das Schmerzgefühl funktioniert als Schutz. Wenn ein Teil des Körpers Schmerzen ausgesetzt ist, kann das Kind den betreffenden Körperteil von der Schmerzquelle zurückziehen. Der Mensch empfindet Schmerz von Geburt an, kann allerdings anfangs nicht feststellen, wo sich die Schmerzstelle befindet. Mit ungefähr 18 Monaten kann das kleine Kind zeigen, und mit drei oder vier Jahren kann es sagen, wo es ihm weh tut.

Tastsinn – taktile Wahrnehmung

DIE ENTWICKLUNG DES TASTSINNS

Die Zeitangaben sind grobe Orientierungen für den Entwicklungsstand der Kinder.

0 – 1 Monat
Der Säugling zieht sein Bein zurück, wenn man ihn sanft in die Fußsohle kneift.
Er reagiert auf Temperaturen, warme und kalte Finger, warmes und kaltes Wasser.
Er saugt an Fingern oder Händen.

3 – 4 Monate
Der Säugling beginnt, gezielt zu greifen und Gegenstände zu bewegen, die über ihm hängen.
Er wird ruhig, wenn er berührt wird, und schreit, wenn die Windel naß ist.

5 – 6 Monate
Der Säugling beißt und zerrt, steckt alles in den Mund und benutzt seine Finger zum Forschen.

8 – 9 Monate
Das Kind möchte das Essen mit seinen Fingern berühren.

1 Jahr
Das Kind manscht mit Essen, klatscht in die Hände, liebt Küsse und Umarmungen und zeigt mit dem Zeigefinger.

1 1/2 Jahre
Das Kind benutzt eher die Finger zum Fühlen als den Mund.
Es liebt weiche Gegenstände und berührt sich selbst, wenn es Schmerzen empfindet.

Tastsinn – taktile Wahrnehmung

2 Jahre
Der Schmerzsinn ist entwickelt. Das Kind versteht, daß es sich selbst weh tun, z.B. sich verbrennen kann.
Es hat gelernt, Angst vor dem Feuer zu haben.
Es kann einzelne Seiten in einem Buch umblättern.

2 1/2 Jahre
Da Kind unterscheidet tastend Dinge, ohne hinzuschauen.

3 Jahre
Das Kind kann heiß und kalt unterscheiden.

4 Jahre
Das Kind spürt auch mit geschlossenen Augen, wo es berührt wird.
Es fühlt selbst, ob es fröstelt oder ob ihm warm ist.
Es erkennt Objekte in einem Sack wieder, ohne sie zu sehen.
Es sagt, wo es verletzt ist.

5 Jahre
Das Kind kann tastend und ohne etwas zu sehen verschiedene Formen unterscheiden, z.B. Kreise, Quadrate, Sterne.

6 Jahre
Das Kind kann die Wassertemperatur schätzen und verschiedene Formen blind erkennen (Rechteck, Oval, Dreieck). Es kann zwischen unterschiedlichen Oberflächenstrukturen (Sand, Stoffe) differenzieren.

7 Jahre
Das Kind erkennt mit geschlossenen Augen Formen wie Kreuze, Drachen oder Sechsecke.

WIE DER TASTSINN GEFÖRDERT WERDEN KANN

Von Beginn an ist es wichtig, das Kind häufig zu berühren, zu streicheln und in den Armen zu halten, es also auf vielfältige Art und Weise an Berührung zu gewöhnen.
Dafür sind Spiele mit viel Körperkontakt geeignet:

- Fangen (siehe Spieleliste).
- Rücken an Rücken sitzen. Mit dem anderen Kind die Arme verschränken, singen und sich dabei gleichzeitig nach vorne und nach hinten beugen. Es ist eine besonders gut Übung, den Rücken von jemandem zu berühren, den man nicht sehen kann.
- Entspannung ohne Musik durch Berühren einzelner Körperteile.
- Mit verbundenen Augen herausfinden, wen man berührt.
- Spielen mit Wasser von unterschiedlicher Temperatur.
- Sehen und Fühlen von Dingen unterschiedlicher Gestalt, mit verbundenen Augen ähnliche Dinge finden, z.B. Steine, Tannzapfen und Zweige.
- Backen, spielen mit Schlamm, Sand, Schnee, Pappmaché, Leim und Wasser.
- Malen mit Fingerfarben, Körperbemalung.
- Mit dem Finger Dinge auf den Rücken zeichnen und sie erraten lassen.
- Lieder singen und Spiele spielen, bei denen man sich die Hand gibt.
- Katz und Maus (siehe Spieleliste)
- Verschiedene Stoffe in eine Schublade legen, sie anfassen und beschreiben, wie sie sich anfühlen.
- Singspiele über unterschiedliche Körperteile.
- Spielen mit Puppen.
- Dinge berühren und herausfinden, welche dick, dicker, am dicksten sind.

Tastsinn – taktile Wahrnehmung

- Dinge berühren und herausfinden, welche lauwarm, warm, wärmer, am wärmsten sind.
- Blindenschriftbücher abtasten (können selbst hergestellt werden).
- Mit verbundenen Augen eine sich bewegende Hand berühren und die Bewegung nachmachen.
- In einem Kreis sitzen, alle haben einen Gegenstand hinter ihrem Rücken. Die Gegenstände gehen im Kreis herum, und es muß herausgefunden werden, wann der eigene Gegenstand wieder da ist (Variation: Gegenstände erfühlen und beschreiben bzw. benennen).
- Sortieren von Schmirgelpapier nach Körnigkeit.
- Mit verbundenen Augen Klötzchen unterschiedlicher Größe und Form sortieren.
- Eine Schachtel füllen mit aufregenden Gegenständen, die in keinerlei Beziehung zueinander stehen und ganz verschieden beschaffen sind (Formen und Materialien). Das Kind entdeckt, fühlt und benennt die Gegenstände.
- Tastbilder entwerfen und aus Wollresten, Rinde, Korken, Bohnen, Eicheln und ähnlichem erstellen.
- Tastsäckchen: Verschiedene Gegenstände in ein Stoffsäckchen füllen und ertasten lassen.
  Drei Vorschläge für solche Tastsäckchen:

  Tastsäckchen für Kleinkinder

   - ein weicher Gegenstand, z.B. ein Baumwollball;
   - ein Holzklotz;
   - ein kleiner fester Ball;
   - ein Papierball;
   - ein Schlüssel;
   - ein großes Stück Kreide;
   - verschiedenes Besteck.

Tastsinn – taktile Wahrnehmung

Berührungssack für Kinder im Kindergartenalter

- verschiedenes Besteck;
- unterschiedliche Stoffe (sanft, hart, rauh);
- ein Baumwollstaubtuch;
- ein Garnknäuel;
- ein Schnurknäuel;
- ein Fadenknäuel;
- verschieden geformte Holzklötze, z.B. Würfel, Zylinder, Ovale, Kreise.

Berührungssack für Sechsjährige

- Lineal;
- Kugelschreiber;
- Radierer;
- Bleistiftspitzer.

Die Gegenstände können ausgetauscht oder thematisch zusammengestellt werden, z.B. nur Gegenstände, die wir zum Zeichnen brauchen, oder ausschließlich Gegenstände, die zum Nähen notwendig sind.

Tastsinn – taktile Wahrnehmung

ANREGUNGEN FÜR DIE DISKUSSION IM TEAM UND BEI ELTERNABENDEN

1. Wie fühle ich mich, wenn ich berührt werde oder jemanden berühre? Welche unterschiedlichen Erfahrungen haben wir in der Gruppe der Kolleginnen und Kollegen gemacht, und gibt es unterschiedliche Einstellungen dazu?

2. Wieviel Körperkontakt haben wir mit den Kindern im allgemeinen und wieviel zu den einzelnen Kindern?

3. Welche „Signale" geben die Kinder, wenn sie berührt werden wollen (z.B. umarmen, boxen, auf die Knie sitzen, Hand halten)? Welches sind die Gründe dafür, wenn sie nicht berührt werden wollen?

4. Gibt es ein Kind in der Gruppe, das besonders negativ auf Berührung reagiert? Wie können wir diesem Kind helfen?

5. Welche „fühligen" Materialien stehen uns zur Verfügung?

6. Welche „Tastspiele" spielen wir normalerweise?

7. Wie bereiten wir einen „Berührungssack" für die kleinen und einen für die größeren Kinder vor?

8. Wie können wir am besten mit den Eltern über die Bedeutung des Körperkontakts zu ihren Kindern sprechen?

GELENK- UND MUSKELSINN
KINÄSTHETISCHE WAHRNEHMUNG

Den kinästhetischen Sinn nennt man auch Gelenk- und Muskelsinn oder Tiefensinn. Tiefensinn deshalb, weil sich die für diese Wahrnehmung entscheidenden Zellen im Gegensatz zu den taktilen Sinnzellen in den Muskeln, Sehnen und Gelenken befinden.
Kinästhetik ist ein griechisches Wort und heißt übersetzt „Wahrnehmung der Bewegung". Wir spüren, ob ein Arm oder ein Bein gebeugt, angezogen oder gestreckt ist, ohne hinsehen zu müssen. Würde uns der kinästhetische Sinn fehlen, könnten wir uns nur sehr langsam und ungeschickt bewegen, weil wir alle Bewegungen bewußt steuern und kontrollieren müßten.
Wenn ein Kind neue Bewegungen lernt, beispielsweise einen Schläger zu halten oder auf einen Baum zu klettern, erklärt es ihm zunächst jemand

Gelenk- und Muskelsinn – kinästhetische Wahrnehmung

mit Worten oder macht es ihm vor. Während das Kind die Bewegungen und Griffe ausführt, muß es bewußt darüber nachdenken. Durch ständige Wiederholung der Bewegungen werden diese selbstverständlich, und das Kind muß nicht mehr überlegen, wie es z.B. Fahrrad fährt, wie es schwimmt oder einen Ball tritt. Der kinästhetische Sinn hat ein sehr gutes „Erinnerungsvermögen", und wenn eine motorische Fähigkeit einmal gelernt ist, dann bleibt das Gefühl für diesen Bewegungsablauf erhalten. Unser kinästhetischer Sinn „erinnert" sich auch daran, wieviel Muskelkraft für eine bestimmte Bewegung nötig ist. Es gibt Menschen, denen es leichter fällt, sich kinästhetisch als intellektuell an etwas zu erinnern. Die Informationen, wie beispielsweise die richtige Kombination eines Zahlenschlosses einzustellen, ein bestimmtes Musikstück auf dem Klavier zu spielen ist oder wie man „blind" Schreibmaschine schreibt, finden sich in den Fingerspitzen der Menschen und nicht in ihrem intellektuellen Gedächtnis.

Auf die Bedeutung der kinästhetischen Wahrnehmung, des Gelenk- und Muskelsinns, hat der 1879 geborene Bewegungslehrer und Choreograph Rudolf Laban aufmerksam gemacht. Nach Laban muß ein Kind, welches seine motorischen Fähigkeiten verzögert entwickelt, zunächst seinen Körper kennenlernen. Ziel aller Förderung sollte sein, daß das Kind sich rhythmisch bewegen kann, ohne darüber nachdenken zu müssen, was es tut. Das Kind muß lernen,

- welche Körperteile bewegt werden;
- welche Körperpartien es gibt;
- wo im Raum die Bewegungen und in welcher Höhe sie stattfinden;
- mit wieviel Kraft und in welcher Geschwindigkeit die Bewegungen ausgeführt werden.

Rudolf Laban hat gewissermaßen die „pädagogische Gymnastik" eingeführt, deren oberstes Ziel das Körperbewußtsein ist. Viele Gymnastiklehrer haben sich von seinen Gedanken beeinflussen lassen. Heute ist die Wichtigkeit der Motorik und ihre Bedeutung für die Entwicklung anderer Fähigkeiten erwiesen, und Kinder mit Lernproblemen werden in vielen Schulen mit speziellen Gymnastikübungen unterstützt.

Gelenk- und Muskelsinn – kinästhetische Wahrnehmung

DER GELENK- UND MUSKELSINN HÄNGT ZUSAMMEN MIT

- dem Wissen, wie der Körper aussieht und wie er sich anfühlt;
- dem Wissen, wie die verschiedenen Körperteile heißen;
- dem Gefühl für Anspannung und Entspannung;
- der Fähigkeit, verschiedene Gewichte unterschiedlicher Gegenstände zu spüren;
- dem Richtungssinn;
- dem Raum- und Zeitverständnis;
- dem Bewußtsein, daß der Körper zwei Seiten hat;
- dem Gefühl für eine dominante Seite (z.B. Rechts- oder Linkshändigkeit).

Körperwahrnehmung

Die Grundlage der kinästhetischen Wahrnehmung beim Kind bildet seine Körperwahrnehmung. Um mehr über die Wahrnehmung des Körpers zu erfahren, sollte man ein Kind bitten, einen Menschen zu zeichnen. Ein Kind zeichnet nur, was es kennt. Und die Zeichnungen zeigen, welcher Körperpartien sich das Kind bewußt ist und mit welchen es sich gerade auseinandersetzt. Ein Kind zeichnet vielleicht riesige, völlig überdimensionierte Ohren, während ein anderes Kind riesige Zähne zeichnet. In ihren Zeichnungen verarbeiten Kinder auch positive und negative Erfahrungen mit den entsprechenden Körperpartien. Die Erwachsenen sollten ihnen aus diesem Grund möglichst früh Stifte und Papier zur Verfügung stellen.

Im Alter von 18 Monaten kann ein Kind eine Linie zeichnen und ist darüber so begeistert, daß es auf alles kritzelt, was ihm begegnet. Aus den einfachen Linien werden Kreise, dann Figuren und irgendwann Personen. Arme und Beine zeichnet es wie Linien, und diese Figuren nennen wir Kopffüßler. Mit fünf Jahren zeichnen die meisten Kinder detaillierter und erzählen Geschichten mit ihren Bildern. Zeichnungen können uns damit Hinweise auch auf ihre sprachliche Entwicklung geben.

Gelenk- und Muskelsinn – kinästhetische Wahrnehmung

Wahrnehmung der Richtung

Bevor ein Kind lesen oder schreiben lernt, muß es die Richtungen kennen und wahrnehmen können. Nur so ist es fähig, zu lesen und beispielsweise den Unterschied zwischen den Buchstaben b und d zu erkennen. Nur so kann es sich selbst in einem Raum, in der Landschaft oder im Verkehr orientieren.

Räumliche Wahrnehmung

Die Fähigkeit sich zu orientieren, setzt räumliche Wahrnehmung voraus.

Häufig versuchen Kinder, ihre Schwächen oder Ungeschicklichkeiten selbst zu korrigieren. Wenn wir sie aufmerksam beobachten, können wir herausfinden, welche Art Hilfe sie brauchen und sie entsprechend unterstützen. Der dreijährige Tobias beispielsweise hatte eine schwach entwickelte Körperwahrnehmung und einen schlechten Gleichgewichtssinn. Er wollte andauernd schwere Gewichte tragen und schleppte alle großen und schweren Taschen herum, die er finden konnte. Wir besorgten ihm einen Handwagen, der nicht kippen und den er mit schweren Gegenständen füllen und umherschieben konnte. Wir erlaubten ihm, mit schweren Materialien zu „bauen", und seit er in der Nähe eines Waldes wohnt, ist er viel draußen und „ringt" mit der Natur.

Körperwahrnehmung fördern wir am besten, indem wir den Kindern die Möglichkeit geben, ihren Körper kennenzulernen, z.B. mit Ballspielen, oder indem wir auf Körperteile zeigen und fragen, was ist das? Ein Kind erforscht Körperteile, indem es sie berührt. Ohne Gelenk- und Muskelsinn ist es schwierig, Anspannung und Entspannung zu fühlen, und es fällt schwer, zu klatschen oder im Takt zu gehen.

In einer der Kindereinrichtungen, in denen ich gearbeitet habe, trafen wir uns wöchentlich einmal zu einem Sing- und Bewegungsspiel. Die fünfjährige Elisabeth war immer sehr enttäuscht, wenn wir Lieder sangen, bei denen gleichzeitig in die Hände geklatscht wurde. Ihre Bewegungen waren dafür viel zu ruckartig und unkoordiniert. Sie litt darunter, nicht im richtigen Augenblick mitklatschen zu können. Wir begannen damit, ihr den entsprechenden Vorgang bewußt zu machen, indem einer von uns die Arme um sie legte, ihre Hände festhielt und mit ihr zusammen klatschte. Sie überwand die anfängliche Unsicherheit sehr schnell, und später setzte sie sich immer gleich vor jemanden, wenn wir diese Lieder sangen.

Gelenk- und Muskelsinn – kinästhetische Wahrnehmung

Es ist hilfreich, Kinder neue Bewegungen zunächst anhand der Bewegungen von Erwachsenen erfahren zu lassen. Das Kind kann auf diese Weise spüren, wie sich die richtige Bewegung anfühlt. Der kinästhetische Sinn „erinnert" sich, und so werden diese Bewegungen „gespeichert" und zunehmend automatisiert. Wir können mit Kindern schon sehr früh klatschen üben, Lieder mit Bewegungen singen, ihnen erlauben, sich auf unsere Knie zu setzen und den Takt beim Händeklatschen zu spüren. Schwere Gegenstände zu tragen und mit ihnen zu spielen, fördert ebenfalls die Entwicklung des Gelenk- und Muskelsinnes.

Um zu lernen, muß ein Kind nachahmen können. Es macht Bewegungen, Gesten und Töne nach, die es bei anderen Menschen sieht und hört. Das Kind lernt, wie der Körper aussieht und wie er funktioniert. Es lernt verschiedene Positionen im Raum und unterschiedliche Richtungen kennen. Es lernt vieles über Gefühle und andere Menschen.

Wenn es lernt nachzuahmen, lernt es, Dinge genau so zu tun, wie es sie bei anderen sieht: Es zeichnet und baut mit Bauklötzchen auf die Art, wie es das beobachtet hat, oder hält seine Hände in dieselbe Richtung wie jemand anderes. Mit dem Gelenk- und Muskelsinn übt es Bewegungen ein, es „spürt" nach und nach, was es mit seinem Körper tun kann. Das Kind muß erst mit dem Körper Bewegungen nachahmen können und viel geübt haben, bevor es dann in der Schule Zahlen und Buchstaben nachschreiben kann.

Die für alles weitere Lernen äußerst wichtige Fähigkeit zur Nachahmung hängt vom Funktionieren des Gelenk- und Muskelsinns ab. Schwierige Bewegungsabläufe können nicht gelernt werden, wenn die kinästhetische Wahrnehmung, der Gelenk- und Muskelsinn, nicht gut entwickelt sind. Man kann sagen, daß der Gelenk- und Muskelsinn die Basis für die Entwicklung der Motorik ist.

Kann ein unzureichend entwickelter Gelenk- und Muskelsinn ersetzt werden? Mit Hilfe der Augen und des Intellekts können wir verstehen, wie ein Gegenstand funktioniert, wie wir die Muskeln benützen müssen, um das zu tun, was wir uns vornehmen. Die Bewegungsabläufe werden allerdings nie so selbstverständlich und sicher sein, wie sie es sind, wenn der Gelenk- und Muskelsinn sie steuert.

Gelenk- und Muskelsinn – kinästhetische Wahrnehmung

DIE ENTWICKLUNG DES GELENK- UND MUSKELSINNS

Die Zeitangaben sind grobe Orientierungen für den Entwicklungsstand der Kinder.

0 – 1 Monat
Der Säugling erkennt die Mutter.

3 – 4 Monate
Er betrachtet seine Finger und spielt mit ihnen, wenn er auf dem Rücken liegt.

5 – 6 Monate
Das Baby spielt mit seinen Zehen.
Es berührt das Gesicht von Mutter und Vater.

8 – 9 Monate

Es hat Spaß daran, seine Umgebung zu erkunden, z.B. wenn es getragen oder im Kinderwagen geschoben wird.
Es rollt vom Rücken auf den Bauch und vom Bauch auf den Rücken.
Es streckt seine Arme aus, um hochgehoben zu werden.

1 Jahr

Das Kleinkind liebt es, Dinge nach vorne zu werfen.
Es kann einige Bewegungen nachmachen (z.B. in die Hände klatschen).
Es krabbelt in eine bestimmte Richtung (Orientierung im Raum).

1 1/2 Jahre

Es beginnt, eine bestimmte Hand zu bevorzugen (links/rechts) und klettert Treppen und Möbel hinauf und herunter.
Es kann Hindernisse überwinden.

2 Jahre

Das Kleinkind kennt ungefähr zehn verschiedene Körperteile (bei Fragen wie: „wo ist dein ...").
Es versteht Wörter wie „hinausgehen", „hineingehen".
Es kann seine Arme und Beine ausstrecken, wenn das jemand von ihm verlangt.

2 1/2 Jahre

Das Kind kennt mittlerweile ungefähr 15 Körperteile.
Wenn es gefragt wird, kann es
- unter den Tisch kriechen,
- über ein Rohr steigen,
- auf etwas hinaufklettern,
- herumrennen,
- in etwas hineinspringen,
- sich zu jemandem hinstellen.

Gelenk- und Muskelsinn – kinästhetische Wahrnehmung

3 Jahre
Das Kind kennt sein Geschlecht.
Es versteht Wörter wie hinauf, hinunter, auf die Seite, drinnen, auf, über, unter.

4 Jahre
Das Kind kriecht unter einen Gegenstand, ohne sich den Kopf anzustoßen.
Es kann unterschiedliche Gewichte fühlen.
Es ahmt Bewegungen mit seinem Körper nach.

5 Jahre
Das Kind streckt sich und kauert sich hin.
Wenn es gefragt wird, kann es
- vorwärts,
- rückwärts,
- seitwärts gehen und
- sich vor etwas oder jemanden oder hinter etwas oder jemanden stellen.
- Es ahmt Bewegungen sehr gut nach.
- Es macht sich selber steif/schlaff.

6 Jahre
Es weiß, was sich in der Mitte eines Raumes befindet.

7 Jahre
Das Kind kontrolliert die Gesichtsmuskeln; es kann ein Auge schließen, fröhlich, böse oder traurig schauen.
Es kann beim Gehen einen Rhythmus einhalten.
Es unterscheidet rechts und links ohne Hilfe.
Es kann schwierige Bewegungsabläufe nachahmen.
Es kennt den Unterschied zwischen Anspannung und Entspannung.

Gelenk- und Muskelsinn – kinästhetische Wahrnehmung

WIE DER GELENK- UND MUSKELSINN GEFÖRDERT WERDEN KANN

Kinästhetische Wahrnehmung und Motorik lassen sich am besten in weiten, offenen Umgebungen üben, wie auf Sand, im Wald, auf der Wiese oder am Strand. Besonders geeignet sind rhythmische Übungen, da sie vielfältige Bewegungsmöglichkeiten anbieten und das Gespür für den Körper verbessern. Viele Kinder haben eine spezielle Stimulierung in diesem Bereich nötig, so daß rhythmischer Förderung ein fester Platz im Wochenplan eingeräumt werden sollte.

Beim Zusammenstellen eines Rhythmik-Programms muß man sich klar darüber sein, welche Bewegungsabläufe geübt werden sollen und wie sie langsam und deutlich gezeigt werden können. Zunächst werden die Bewegungen ohne Musik geübt; erst wenn die Kinder sie beherrschen, kommt die Musik dazu. Vergewissern Sie sich, daß ein großer Spiegel zur Verfügung steht, damit die Kinder ihren Körper jeden Tag betrachten können. Vergessen Sie nicht den Rücken und schaffen Sie auch Möglichkeiten, diesen hin und wieder anzuschauen. Als ich mit Straßenkindern arbeitete, entdeckte ich, wie schwierig es ist, mit Kindern zu arbeiten, die ihren Körper noch nie in einem Spiegel gesehen und keine Vorstellung von ihm haben. Sie kennen nur den Körper ihrer Freundinnen und Freunde.

Um das Gesicht näher kennenzulernen, kann ein Selbstporträt gezeichnet werden. Die Kinder müssen wissen, wie sie aussehen, wie ihre Augen sind, wo die Nase sitzt, welche Farbe ihr Gesicht hat usw. Auf diese Weise lernen sie ganz natürlich die entsprechenden Begriffe, was besonders für eingewanderte Kinder von Vorteil ist, die eine neue Sprache lernen müssen. Die Kinder sollten täglich die Gelegenheit erhalten, ihre kinästhetische Wahrnehmung zu entwickeln. Man kann gar nicht früh genug damit beginnen. Bei der morgendlichen Begrüßung könnte beispielsweise die Gruppe rhythmisch klatschen und dabei die Namen der Kinder rufen. Auch Fingerspiele eignen sich hervorragend für eine Förderung des Gelenk- und Muskelsinns und sollten täglich gespielt werden.

Gelenk- und Muskelsinn – kinästhetische Wahrnehmung

ANDERE ÜBUNGEN ZUR FÖRDERUNG DES GELENK- UND MUSKELSINNS:

- Die Bewegungsmöglichkeiten der einzelnen Gelenke ausprobieren lassen (z.B. Kannst Du mir deinen Ellenbogen zeigen? Welche Bewegungen kannst du damit machen? Schließe deine Augen. Sind die Ellenbogen jetzt gebeugt?)
  Wann beugst du deine Ellenbogen? (Beim Essen, Trinken, Kämmen.)
  Wann streckst du deinen Ellenbogen? (Beim Werfen, Recken, Schieben.)

- An verschiedenen Körperteilen werden Bänder befestigt, während das Kind am Boden liegt. Ein anderes Kind zieht an der Kordel und hebt dieses Körperteil an. Anschließend soll es wieder locker auf den Boden fallen.

- Den Spielpartner mit Gegenständen behängen oder bepacken.

- Das Kind liegt auf dem Boden und bewegt einzelne Körperteile; ein anderes Kind beobachtet und hält das sich bewegende Teil fest.

- Durch einen Hindernisparcours aus Stühlen und Kartons krabbeln.

- Sich über die Seite rollen lassen.

- Purzelbäume schlagen.

- Einen Reifen an- und wieder ausziehen.

- Sackhüpfen.

- Schaukeln.

- Sich frei zu Musik bewegen, wenn die Musik aufhört, erstarren (Varianten: sich langsam – schnell bewegen; aus langsamer Bewegung erstarren – aus schneller Bewegung erstarren; langsam die Bewegung abbremsen und erstarren – die Bewegung abrupt stoppen und erstarren).

- Körperumrisse auf Papier zeichnen, ausschneiden und aufhängen oder mit Materialien umlegen.

- Unter einem Tuch nimmt ein Kind eine bestimmte Haltung ein, der Körper (oder auch nur ein Körperteil) wird ertastet, benannt und die Haltung nachgeahmt.

Gelenk- und Muskelsinn – kinästhetische Wahrnehmung

- Die Beine baumeln lassen.
- Ein Holzpferd reiten.
- „Gekochte und ungekochte Spaghetti" (siehe Spieleliste).
- Fingerspiele.
- Ballspiele.
- Spiele mit Luftballons.
- Unterschiedlich schwere Gegenstände sortieren.
- Spiele, bei denen man vorwärts, rückwärts und seitwärts, vor und hinter jemandem geht.
- Aufwärtslinien und Abwärtslinien zeichnen.
- Nahe beieinander tanzen und weit auseinander tanzen.
- Hinunterspringen, hinaufspringen; weite Sprünge und kurze Sprünge machen.
- Tauziehen.
- Gegenstände pantomimisch darstellen.
- Dicke Striche und dünne Linien zeichnen.
- Mit einem dicken Stück Kreide und einem dünnen Bleistift zeichnen.
- Sich entspannen und Musik hören.
- Sich langsam und schnell zusammenkauern.
- Gehen wie ein schwerer Kobold und tanzen wie eine leichte Fee.
- Sich rund machen wie ein Ball und gerade wie ein Stock.
- Die Bewegung verschiedener Tiere nachmachen (Rennen wie ein Pferd, hüpfen wie ein Frosch oder ein Hase, „schleichen" wie eine Katze).
- Verschiedene Sprünge und Rhythmen ausprobieren.
- Mit Ton oder Teig formen.
- Sich zu Musik bewegen; Singspiele mit Bewegungen spielen.

Gelenk- und Muskelsinn – kinästhetische Wahrnehmung

- Mit einer Schere schneiden.
- Gebratener Fisch (siehe Spieleliste).
- Luftballon-Spiel (siehe Spieleliste).
- Auf einem Trampolin verschiedene Sprünge üben.
- Verschieden große Eimer im Sandkasten füllen und die unterschiedliche Gewichte spüren.
- „Denkmal" spielen (jemand an der Hand nehmen, im Kreis drehen, plötzlich loslassen, er oder sie muß in der Position verharren).
- „Mach dies – mach das" (siehe Spieleliste).
- „John" (siehe Spieleliste). John ist ein hervorragendes Spiel, um eine Gruppe nach einem Ausflug zusammenzuhalten, beispielsweise. Denken Sie daran, die Bewegungen solange zu machen, bis alle Kinder sie beherrschen.
- Eine Schubkarre schieben (für Kraft und Gleichgewichtssinn).
- Unter einem Seil schweben/tanzen, das langsam gesenkt wird.

Denken Sie daran, die Kinder sich auch diagonal und quer durch den Raum bewegen zu lassen.

Gelenk- und Muskelsinn – kinästhetische Wahrnehmung

ANREGUNGEN FÜR DIE DISKUSSION IM TEAM UND BEI ELTERNABENDEN

1. Stellen Sie sich die Kinder Ihrer Gruppe vor und überlegen Sie, wie sich diese bewegen. Ungelenk oder harmonisch, bewußt überlegend oder automatisch?
2. Wie könnte ein Rhythmik-Programm mit dem Schwerpunkt kinästhetische Wahrnehmung aussehen?
3. Überlegen Sie sich, wieviel Zeit die Kinder brauchen, um eine Person zu zeichnen, berücksichtigen Sie dabei die jeweilige Entwicklungsstufe ihrer Körperwahrnehmung und planen Sie die Zeit in einen Tagesablauf ein.
4. Fragen Sie sich, was Sie üblicherweise tun, um die Wahrnehmung der Kinder

    - von ihrem Körper,
    - vom Raum,
    - von der Richtung,
    - von der Zeit

    zu fördern?
5. Haben alle Kinder Ihrer Gruppe einen gut entwickelten Gleichgewichtssinn? Können sie sich gut halten, wenn sie auf einem Bein stehen oder hüpfen? Haben einige Schwierigkeiten mit einer bestimmten Seite, benützen sie beide Arme, rollen sie in beide Richtungen?
6. Überlegen und diskutieren Sie, auf welche Art und Weise die kinästhetische Wahrnehmung beim Spielen auf dem Spielplatz oder im Wald gefördert werden kann.

BEWEGUNGSSINN
ENTWICKLUNG DER GROBMOTORIK

Der neugeborene Säugling kann sich noch nicht bewußt bewegen, ist aber mit einer ganzen Reihe von Reflexen ausgestattet, die lebenswichtige Bewegungen auslösen. Ein Reflex ist eine Reaktion, die sich automatisch ereignet, wenn das Kind einem bestimmten Reiz ausgesetzt ist. Wenn beispielsweise jemand einen Finger auf die Handfläche des Neugeborenen legt, schließt das Baby seine Hand und hält den Finger fest. Hier handelt es sich um den Greifreflex.

Bewegungssinn – Entwicklung der Grobmotorik

PHASEN DER KINDLICHEN BEWEGUNGSENTWICKLUNG:

Reflexe

Ein Reflex ist eine nicht vom Willen gesteuerte Bewegung ausgelöst durch einen Reiz. Durch Reflexe machen Kinder erste Erfahrungen mit Bewegung.

Symmetrische Bewegungen

Das Kind unterscheidet noch nicht zwischen einzelnen Bewegungen, und anstatt den Arm oder das Bein zu heben, bewegt es den ganzen Körper auf einmal, also auch Arme und Beine gleichzeitig.

Willentliche Bewegungen

Durch aktive und passive Bewegungserfahrungen entwickelt sich das Großhirn, und damit erhöht sich die Fähigkeit des Kindes, seine Bewegungen willentlich zu steuern.

Automatische Bewegungen

Wenn ein Kind eine Bewegung ständig wiederholt, vollzieht diese sich irgendwann automatisch. Das Kind muß dann nicht mehr darüber nachdenken, was es tut, und kann beispielsweise gleichzeitig herumhüpfen und singen. Automatische Bewegungen erlauben die Koordination verschiedener Aktivitäten. Bevor das Kind asymmetrische Bewegungen ausführen, also die rechte und linke Hälfte seines Körpers gleichzeitig, aber unterschiedlich bewegen kann, muß es symmetrische Bewegungen automatisiert haben.

Die motorische Entwicklung beginnt mit der Geburt und ist mit dem siebten Lebensjahr weitgehend abgeschlossen. Die Entwicklung von Motorik braucht Zeit.
Im Zusammenhang mit der kindlichen Bewegungsentwicklung wird häufig von unreifer/unentwickelter oder abweichender Motorik gesprochen. Unreife/unentwickelte Motorik bedeutet, daß die Bewegungen eines Kindes normal sind, aber gemessen an seinem Lebensalter zeitlich verspätet auftreten. Abweichende Motorik meint abnormale Bewegungsmuster, welche die Lernmöglichkeiten eines Kindes negativ beeinflussen können.

Bewegungssinn – Entwicklung der Grobmotorik

Probleme eines Kindes werden oft erst bei Schuleintritt bemerkt, wenn bestimmte schulische Anforderungen nicht bewältigt werden können. Für viele Kinder ist der Schulbeginn daher mit großen Frustrationen verbunden. Deshalb sollte der Entwicklungsstand eines Kindes schon im Kindergarten festgestellt und das Kind gegebenenfalls bereits zu diesem Zeitpunkt gefördert und unterstützt werden. Wenn die Schule beginnt, sollten die Erzieherinnen im Kindergarten in der Lage sein, ein zutreffendes Bild von den Fähigkeiten des Kindes zu geben, damit es nur mit Anforderungen konfrontiert wird, die es auch erfüllen kann.

Erzieherinnen, die Kinder beobachten, sollten die Reflexe kennen, die für die motorische Entwicklung wichtig sind. Man sollte wissen, wann diese Reflexe normalerweise auftauchen und wann sie vom Kind unterdrückt werden können. Viele Reflexe sind ein Leben lang vorhanden, bleiben gewöhnlich aber unsichtbar, weil wir sie mit unserem Willen kontrollieren.

Bewegungssinn – Entwicklung der Grobmotorik

REFLEXE

Handgreifreflex

Dieser Reflex ist angeboren. Wenn ein Gegenstand die Handfläche des Babys berührt und sich bewegt, ballt sich die Hand mit dem Daumen nach innen. Der Reflex vermindert sich im Alter von zwei Monaten, wenn die Hand sich öffnet und der Daumen sich nach außen dreht. Wenn das Kind beginnt, die Hand für alle möglichen Aktivitäten zu benutzen, verschwindet der Greifreflex, und mit etwa vier Monaten kann das Kind zupacken.

Fußgreifreflex

Dieser Reflex ist angeboren. Er wird ausgelöst, wenn die Fußsohle des Babys in der Nähe des ersten Zehgelenks leicht berührt wird. Der Fuß macht daraufhin eine klammerartige Bewegung. Dieser Reflex sollte unterdrückt werden können, bevor das Kind von sich aus stehen kann.

Babinski-Reflex

Dieser Reflex tritt ein paar Tage nach der Geburt auf und wird ausgelöst, wenn das Kind mit einem Fingernagel oder ähnlichem an der Außenkante des Fußes von den Zehen in Richtung Ferse berührt wird. Der große Zeh krümmt sich daraufhin aufwärts, die übrigen Zehen spreizen sich. Der Reflex bleibt bestehen, bis das Kind zu laufen beginnt. Sollte das Kind noch im Schulalter Probleme haben zu rennen oder sich frei zu bewegen, könnte dies auf Überbleibsel des Babinski-Reflexes hindeuten.

Amphibische Reaktion

Dieser Reflex wird ausgelöst, wenn das Kind auf dem Bauch liegt und eine Seite des Beckens leicht gehoben wird. Daraufhin dreht sich das Becken, und das Bein auf der gehobenen Seite beugt sich in allen Gelenken. Mit dieser Bewegung beginnt das aktive Krabbeln. Die amphibische Reaktion tritt im Alter von sechs bis sieben Monaten auf. Er bleibt während der ganzen Kindheit bestehen, wird aber irgendwann bewußt unterdrückt.

Bewegungssinn – Entwicklung der Grobmotorik

Rückgratreflex

Dieser Reflex kann überprüft werden, wenn sich das Kind im Vierfüßlerstand befindet und den Rücken freimacht. Das Kind schaut direkt auf den Boden. Mit dem stumpfen Ende eines Bleistifts, einer Stricknadel oder einem ähnlichen Gegenstand berührt man den Rücken und streicht rasch ungefähr 1,5 cm rechts bzw. links von der Wirbelsäule hinauf und hinunter. Beginnen Sie ungefähr 10 cm oberhalb der Taille und bewegen Sie den Bleistift bis zur Taille. Ist der Reflex noch vorhanden, wird die Hüfte in Richtung der Berührung bewegt. Läßt das Kind den Rücken nach unten durchhängen, dann handelt es sich nicht um ein Überbleibsel des Reflexes, sondern das Kind ist kitzlig. Sollten noch Reste des Reflexes vorhanden sein, dann hat das Kind Schwierigkeiten, regungslos auf einem Stuhl sitzenzubleiben oder an der Taille engsitzende Kleider anzuziehen. Der Wirbelsäulenreflex sollte normalerweise im Alter von zwei Monaten kontrolliert werden können.

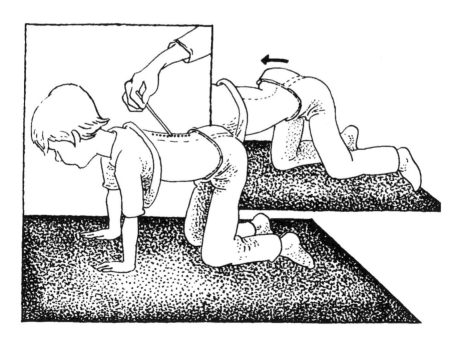

Bewegungssinn – Entwicklung der Grobmotorik

Symmetrisch-tonischer Nackenreflex (STNR)

Die Muskelspannung in den Halsmuskeln beeinflußt die Position der Gliedmaßen. Der Reflex wird ausgelöst, wenn der Hals oder der Kopf bei ausgestreckten Armen und Fingern nach hinten gebeugt wird. Die Beine sind dagegen in allen Gelenken gebeugt. Er kann ebenfalls ausgelöst werden, wenn der Hals oder der Kopf nach vorn gebeugt wird, und die Gelenke der Arme und Finger gekrümmt sind. Die Beine sind gestreckt. Das Kleinkind kann diesen Reflex unterdrücken, wenn es auf allen Vieren kauert und sich wiegt. Wird dieser Reflex nicht kontrolliert, hindert er das Kind zu krabbeln.

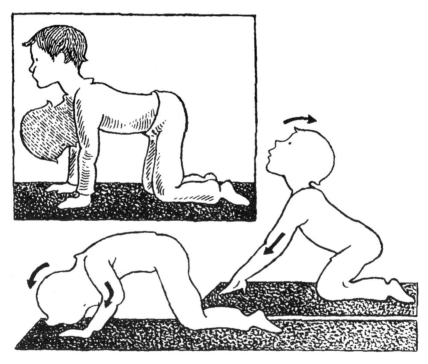

Darüber hinaus kann er die Ursache sein, wenn ein Kind Schwierigkeiten beim Stehen oder beim Halten eines Stiftes hat. Ebenso ist der Reflex hinderlich, wenn ein Kind schwimmen lernt, da das betroffene Kind nur unter Wasser schwimmen kann. Ebenso beeinflußt er das Purzelbaum-

Bewegungssinn – Entwicklung der Grobmotorik

schlagen: Die Kinder stehen auf ihrem Kopf, und anstatt den Hals zu krümmen, schlagen sie hart auf ihrem Rücken auf. Der Reflex kann schließlich auch der Grund sein, wenn manche Kinder nicht krabbeln, sondern stattdessen auf ihrem Hinterteil rutschen. Im Alter von neun bis zehn Monaten sollten Kinder diesen Reflex unterdrücken können.

Sprungbereitschaft

Dieser Reflex taucht im Alter von sechs bis sieben Monaten auf und bleibt das ganze Leben lang erhalten. Wenn das Kind nach vorne fällt, schützt es sich, indem es die Arme ausstreckt. Dasselbe passiert mit sechs bis acht Monaten, wenn das Kind auf die Seite fällt. Es streckt dann ausschließlich den Arm aus, auf den es zu fallen droht. Arm und Hand werden gestreckt, und die ganze Handfläche zeigt in Richtung Boden. Im Alter von elf Monaten schützt sich das Kind auch, wenn es aus einer sitzenden Position nach hinten fällt. Es wirft seine Arme nach hinten oder dreht seinen Körper.

Stehbereitschaft

Dieser Reflex taucht nach ungefähr fünf Monaten auf. Er wird ausgelöst, wenn ein Kind hochgehalten wird und sehr schnell wieder nach unten auf eine Oberfläche wie ein Bett gebracht wird. Das Kind streckt seine Beine aus, um sich mit den Fußsohlen gegen den scheinbaren Fall zu schützen. Dieser Reflex besteht ebenfalls das ganze Leben lang.

Asymmetrisch-tonischer Nackenreflex (ATNR)

Dieser Reflex wird ausgelöst, wenn einem auf dem Rücken liegenden Säugling der Kopf auf die Seite gedreht wird. Der Reflex zeigt sich dadurch, daß das Baby den Arm auf der Seite, auf die der Kopf gedreht worden ist, ausstreckt und den anderen beugt. Man muß aufmerksam beobachten, ob dieser Reflex nach vier Monaten noch immer besteht, weil er das Kind sonst daran hindert, Gegenstände zu untersuchen, Essen in den Mund stecken oder sich vom Rücken auf den Bauch zu rollen.
Wenn dieser Reflex noch wirksam ist, kann das Kind nicht Fahrradfahren lernen. Wenn es seinen Kopf dreht, bewegen sich ungewollt seine Arme mit und beeinträchtigen sein Gleichgewicht. In der Schule hat ein Kind mit Überbleibseln dieses Reflexes große Schwierigkeiten beim

Bewegungssinn – Entwicklung der Grobmotorik

Schreiben von Zahlen und beim Einhalten von Zeilen, da sein Arm nicht unbewegt bleibt, wenn es den Kopf wendet. Es gibt verschiedene Tests, die untersuchen, ob bei einem Kind noch Reste dieses Reflexes bestehen:

Standard Test

Das Kind soll mit dem Rücken auf den Boden liegen, die Arme seitwärts mit leicht gekrümmtem Ellenbogen, die Fingerspitzen auf dem Boden. Das Kind soll sich entspannen. Setzen Sie sich hinter das Kind, heben Sie seinen Kopf vorsichtig hoch und bewegen Sie ihn in ungefähr acht Sekunden dreimal nach links und nach rechts. Beobachten Sie, ob irgendeine Bewegung in den Armen, Beinen, Füßen, Fingern oder Zehen zu sehen ist. Eine Bewegung läßt auf Reste des asymmetrischen tonischen Halsreflexes schließen.

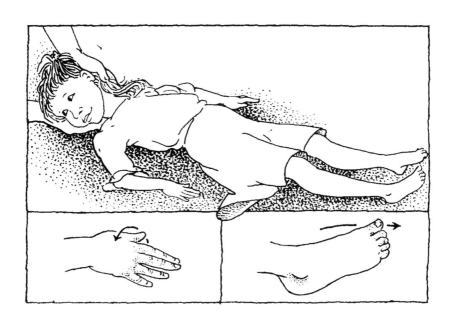

Jean Ayres Test

Das Kind bewegt im Vierfüßlerstand (auf Knien und Händen) den Kopf zur Seite. Wenn der dem Gesicht abgewandte Stützarm durch das einschießende Beugemuster kurzzeitig einknickt, dann wäre das ein Rest des asymmetrisch-tonischen Nackenreflexes.

Bewegungsmuster

Kinder sind neugierig. Alles ist Abenteuer und will entdeckt werden. Unbekannte Gegenstände und neue Klänge faszinieren und regen an. Kinder lernen durch Aktivität, und je mehr sie bestimmte Bewegungen üben, desto besser beherrschen sie diese.
Unglücklicherweise ist auch bei der Bewegungsentwicklung keine Abkürzung möglich. Wenn ein Kind irgendeine Entwicklungsstufe ausgelassen hat, dann müssen die Gründe dafür ermittelt und die entsprechenden Bewegungen im nachhinein geübt werden. Es ist nicht möglich, solche Entwicklungslücken mit schwierigeren Bewegungsmustern auszugleichen. Eine gut eingeübte, automatisch gewordene Bewegung bildet die Grundlage für die darauf aufbauende, kompliziertere Bewegung.
Dies bedeutet allerdings nicht, daß ein Kind beispielsweise nicht laufen lernen könnte, wenn es nicht gekrabbelt hat. Wichtig ist nur, daß es gleichwertige „Ersatz-Muster" entwickelt und automatisiert hat, auf die neue schwierigere Bewegungen aufbauen konnten.
Wenn der neugeborene Säugling auf dem Bauch liegt, versucht er, seinen Kopf zu heben. Er ist zu schwer, also läßt das Baby ihn wieder fallen. Um Luft zu bekommen, dreht es ihn auf die Seite. Allmählich kann es den oberen Teil seines Körpers heben, sich auf seine Unterarme stützen und beobachten, was in seiner Nähe geschieht. Der Säugling sieht farbige Gegenstände, und wenn er gelernt hat, seinen Kopf und den oberen Teil seines Körpers im Gleichgewicht zu halten, kann er sich ausstrecken, nach den Gegenständen greifen und sie festhalten. Es ist deshalb wichtig, daß das Baby häufig auf dem Bauch liegt, um zu entdecken, was vor ihm liegt. Auf dem Rücken lernt es, sich nach Gegenständen zu strecken, die in der Nähe liegen oder aufgehängt sind. Es erforscht sie durch Tasten, Fühlen, Schmecken und Hören. Irgendwann entdeckt es seine Hände und seine Füße und beginnt mit ihnen zu spielen. Nach viel Übung kann der Säugling seine visuellen Eindrücke mit seinen Bewegungen koordinieren.

BEWEGUNGEN

Rollen

Die erste Bewegung mit dem gesamten Körper ist das Rollen. Zunächst geschieht es versehentlich: Der Säugling liegt auf dem Bauch, verliert sein Gleichgewicht und fällt seitwärts auf den Rücken. Er lernt, nach und nach von der einen Seite auf die andere zu rollen und kann bald einen Gegenstand erreichen, der etwas weiter weg liegt.

Landau-Reflex

Bevor ein Säugling lernt zu robben, sehen wir oft, wie er auf dem Bauch liegt, seinen Kopf, seine Arme und Beine hebt und schaukelt, so daß der Rücken ein Hohlkreuz bildet. Das geschieht mit Hilfe des Landau-Reflexes. Ähnliches passiert, wenn das Kind hochgeworfen wird. Es streckt seine Arme und Beine aus wie die Flügel und Rumpf eines Flugzeuges. Im Alter von ungefähr fünfzehn Monaten ist dieser Reflex verschwunden. Die Beine sind zu schwer geworden, jetzt wird Muskelkraft benötigt. Manche Kinder mit verzögerter motorischer Entwicklung haben Schwierigkeiten, in die „Fliegerposition" zu kommen. Ihnen fehlt möglicherweise der Landau-Reflex, der gleichzeitig auch Voraussetzung dafür ist, daß beim Brustschwimmen die Beine angehoben werden können.

Robben

Das ist die nächste Bewegung, die vom Säugling entwickelt wird, wenn er auf dem Bauch liegt. Es ist üblicherweise der Wunsch, einen weiter weg liegenden Gegenstand zu erreichen, der zu dieser spontanen Bewegung anregt. Das Baby streckt sich mit einem Arm nach etwas aus und tritt gleichzeitig mit dem gegenüberliegenden Bein nach hinten, um mit seiner Hand den Gegenstand greifen zu können. Robben ist die Voraussetzung, um Krabbeln, Laufen und letztlich auch Fußballspielen zu lernen. Das Baby braucht viele Gelegenheiten zum Üben, damit es die gleichzeitigen Bewegungen von rechtem Arm und linkem Bein, bzw. linkem Arm und rechtem Bein lernen kann (reziproke Bewegungen).

Bewegungssinn – Entwicklung der Grobmotorik

Krabbeln

Sobald das Kind robben kann, beginnt es in der Regel zu krabbeln. Einige Kinder lassen diese Entwicklungsstufe aus und rutschen auf ihrem Gesäß durch die Räume. Dies übt allerdings nicht die kreuzweisen Bewegungen ein, die sehr wichtig für die weitere Bewegungsentwicklung sind. Es gibt viele Gründe, Kinder zum Krabbeln zu motivieren: Krabbeln trainiert – unter anderem – die Hals- und Armmuskulatur, die Feinmotorik der Finger, reziproke Bewegungen, den Bewegungsrhythmus, den Gleichgewichtssinn, die Augenmuskulatur sowie die Fähigkeit der Augen, etwas zu fixieren. Während des Krabbelns werden außerdem die Fallreflexe geübt, die für ein gutes Gleichgewicht wichtig sind.

Aufstehen

Um aus der Rückenlage aufzustehen, rollt ein Kleinkind erst auf seine Hände, geht auf seine Knie, setzt seine Füße auf den Boden und stützt sich gleichzeitig auf die Hände, dann steht es auf. Aufzustehen wie ein Erwachsener erfordert ein besseres Gleichgewicht, das ein Kind meist erst im Alter von etwa vier und einhalb Jahren besitzt.

Gehen

In der Regel beginnt ein Kleinkind zwischen elf und achtzehn Monaten zu laufen. Anfangs geht es nur vorwärts und bewegt sich so schnell, daß es aussieht, als ob es rennen würde. Langsames Gehen erfordert mehr Gleichgewichtssinn. Zunächst geht das Kind der Übung wegen; allmählich wird sein Gehen durch den Wunsch motiviert, an einen bestimmten Ort zu gelangen. Für die gesamte Entwicklung vom ersten Schritt bis zum sicheren Gehen, die Drehung in der Wirbelsäule, natürliches Schwingen der Arme und ein gutes Abrollen der Füße braucht das Kind drei bis vier Jahre. Gutes Abrollen bedeutet, daß beim Gehen zuerst die Ferse auf den Boden gesetzt wird, der Fuß dann allmählich nach vorne abrollt und als letztes die Zehen den Boden verlassen.

Hüpfen

Mit ungefähr 2 1/2 Jahren beginnt das Kind zu hüpfen. Allerdings muß es dabei zunächst noch festgehalten werden. Zunächst hüpft es mit beiden Beinen und übt solange, bis es das ohne nachzudenken kann. Dann

Bewegungssinn – Entwicklung der Grobmotorik

fängt es an, auf einem Bein zu hüpfen. Sie können beobachten, daß es dem Kind einfacher fällt, vorwärts zu hüpfen, als am gleichen Ort zu bleiben. Ein Trampolin ist ein sehr gutes Gerät, um den Bewegungs- und Muskelsinn wie auch den Gleichgewichtssinn zu trainieren. Es sollte allerdings erst eingesetzt werden, wenn ein Kind sehr gut auf einem festen Untergrund hüpfen kann. Bevor ein Kind lernt, mit einem Springseil zu hüpfen, kann es mit einem Hulahoop-Reifen üben. Wer mit dem Springseil hüpft, muß die Bewegungen der Arme und Beine koordinieren können. Anfangs ist das zu schwierig, da die Arme beim Hüpfen oft kreuzweise vor den Körper gehalten werden. Mit dem Hulahoop-Ring ist eine Konzentration auf die Bewegung mit den Beinen möglich, und das sollte vor dem Seilspringen geübt werden.

Der Hüpfschritt vom linken auf den rechten Fuß und umgekehrt ist die letzte Hüpfbewegung, welche die Kinder lernen, und sollte erst ganz am Schluß geübt werden. Um diese Schritte vollkommen zu beherrschen, muß das Kind reziproke Bewegungen sehr oft trainiert haben.

Rennen

Ein Kind, das Probleme hat zu rennen, sollte die grundlegenden Bewegungsmuster üben: robben, krabbeln, hüpfen auf zwei Beinen, hüpfen auf dem rechten, auf dem linken Bein, abwechselnd auf dem einen und dem anderen. Nur wenn das Kind dies beherrscht, wird es in der Lage sein, zu laufen.

MUSKELTONUS

Die Entwicklung komplexer Bewegungsabläufe wird durch den Muskeltonus stark beeinflußt. Um die Muskeltätigkeit zu koordinieren, wechselt der Tonus zwischen Spannung und Entspannung. Man kann also sagen, daß ein normaler Muskeltonus jenen Zustand meint, der einen optimalen Krafteinsatz ermöglicht. Ein normaler Grundtonus stabilisiert die Körperhaltung und ermöglicht harmonische Bewegungen.

- Der Normaltonus ist der Zustand, in dem Bewegung und Muskelkraft entsprechend der zu bewältigende Tätigkeit in richtigem Maß zusammengebracht werden.

Bewegungssinn – Entwicklung der Grobmotorik

- Hypertonie wird der Zustand zu starker Muskelanspannung genannt. Koordinierte feinmotorische Bewegungen wie das Aufziehen von Perlenketten sind unter diesen Bedingungen sehr schwierig.
- Hypotonie heißt eine ebenfalls unangemessene, weil zu schwache Muskelspannung. Sie führt zu schlechter Muskelstabilisierung und zu einer weniger guten Körperwahrnehmung.

Bei einer unangemessenen Muskelspannung wird immer viel mehr Kraft verbraucht, als für eine bestimmte Aktivität tatsächlich erforderlich wäre. Das führt dazu, daß die Muskeln schnell erschöpft sind. Das Kind muß dies damit ausgleichen, daß es den ganzen Körper benützt, und wird daher rasch müde. Diese Kinder sind nach kurzen Aufgaben erschöpft und hängen in der Schule dann über ihre Tische gebeugt, unfähig, irgend etwas zu tun. Oder sie sind nicht in der Lage, einen Kreis mit Farbe auszumalen, sondern klecksen über den Rand hinaus.
Erwachsene sollten immer wieder daran erinnert werden, daß Kinder alle Bewegungen sehr oft üben und sie Gelegenheit dazu erhalten müssen. Das Kind sollte bei jeder neu gelernten Fertigkeit spüren können, wie es sie nach und nach immer besser beherrscht. Das stärkt sein Selbstvertrauen und ist eine gute Voraussetzung für das Erlernen weiterer Fähigkeiten. Dem fünfjährigen Martin glückte beispielsweise nach viel Übung die Lösung einer schwierigen Aufgabe, und seine Erzieherin sagte voller Freude: „Jetzt ist es Zeit für Dich, etwas Neues zu lernen." Martin schaute inständig bittend zu ihr und antwortete mit einem Zittern in der Stimme: „Darf ich das nicht noch etwas länger können?" Martins Sorge ist verständlich: Kaum hatte er eine schwierige Aufgabe bewältigt, sollte er sich sofort an eine neue, noch kompliziertere machen. Zu schnell sollte er sich wieder unsicher und inkompetent fühlen müssen. Erwachsene erkennen nicht immer die Bedürfnisse eines Kindes; sie sind oftmals zu schnell und überfordern das Kind.

Bewegungssinn – Entwicklung der Grobmotorik

DIE ENTWICKLUNG DER BEWEGUNG

Die Zeitangaben sind grobe Orientierungen für den Entwicklungsstand der Kinder.

0 – 1 Monat
Wenn der Säugling auf dem Rücken liegt, sind Arme und Beine leicht gebeugt. Sein ganzer Körper bewegt sich zur gleichen Zeit.
Wenn der Kopf des Säuglings auf die Seite gedreht wird, bewegt sich sein ganzer Körper mit ihm.
Wenn der Säugling an seinen Armen hochgezogen wird, hängt sein Kopf nach hinten.
Wenn seine Zehgelenke berührt werden, krümmen sich alle Zehen (Greifreflex in den Füßen).
Der große Zeh ist nach oben gekrümmt, wenn die äußere Fußsohle in Richtung Ferse gestreckt wird.
Wenn das Baby auf dem Bauch liegt, bewegt es seinen Kopf auf die Seite, um Luft zu bekommen.
Wenn es auf dem Bauch liegt, kann es seinen Kopf für kurze Zeit hochheben.
Wenn es aufrecht auf einer festen Unterlage gehalten wird, macht es Gehbewegungen.

3 – 4 Monate
Wenn der Kopf des Säuglings auf die Seite gedreht wird, bewegt sich der Körper nicht mehr mit.
Der Kopf kann auf die Seite gedreht werden, ohne daß der eine Arm gestreckt wird und der andere auf der anderen Seite sich beugt.
Der Säugling kann seinen Kopf im Gleichgewicht halten.
Wenn er auf dem Bauch liegt, kann er sich auf seine Unterarme aufstützen und halten.
Es rollt von der Seite auf den Rücken und umgekehrt.

5 – 6 Monate
Das Baby sitzt auf unseren Knien und hält sich mit etwas Unterstützung für den Rücken.
Es stützt sich auf seine ausgestreckten Arme, wenn es auf dem Bauch liegt.
Der Säugling verlagert sein Gewicht auf seine Beine, wenn wir ihn hastig auf eine Unterlage hinab „fallen" lassen.
Er rollt von sich aus vom Bauch auf den Rücken.

8 – 9 Monate
Das Kleinkind sitzt mit aufrechtem Rücken längere Zeit auf dem Boden.
Es versucht, auf dem Bauch robben und zu krabbeln.
Wenn es festgehalten wird, steht es.
Es sitzt auf seinen Fersen.
Es schützt sich mit ausgestreckten Armen, wenn es vorwärts oder seitlich fällt.
Es robbt.
Es krabbelt.

1 Jahr
Das Kind schützt sich, wenn es fällt.
Es steht für kurze Zeit ohne Unterstützung.
Es geht die ersten Schritte.

1 1/2 Jahre
Das Kind steht und läuft mit weit gespreizten Beinen.
Es setzt sich hin.
Es steht auf (indem es sich über den Bauch rollt).
Es kniet, hockt auf seinen Fersen und steht wieder auf.

Bewegungssinn – Entwicklung der Grobmotorik

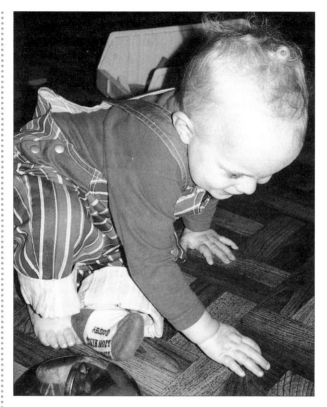

2 Jahre
Das Kind geht rückwärts.
Es rennt und bleibt stehen.
Es geht eine Treppe hoch.
Es geht seitwärts.
Es kann ohne Hilfe der Hände sich auf den Knien vorwärts bewegen.
Es kann einen Ball treten.
Es kann mit Hilfe hüpfen.

3 Jahre
Das Kind geht problemlos.
Es hüpft mit beiden Füßen gleichzeitig.

Bewegungssinn – Entwicklung der Grobmotorik

4 Jahre
Das Kind hüpft weiter (ca. 25 cm).
Es springt beispielsweise über einen Straßengraben oder ein Loch.
Es rennt sicher.
Es balanciert über eine breit gezogene Linie.
Es tritt einen Ball.
Es sitzt still und konzentriert sich.
Es steht für drei bis fünf Sekunden auf einem Bein.
Es geht Treppen hinauf und hinunter, ohne sich an irgend etwas festzuhalten.

5 Jahre
Das Kind geht entspannt mit schwingenden Armen.
Es steht ohne Hilfe auf einem Bein.
Es steht mit Unterstützung des Rückens auf – wie Erwachsene.
Es springt weiter (ca. 60 cm).
Es hüpft auf einem Bein vorwärts.
Es macht einen hohen Sprung auf einem Sprungbrett.
Es rennt und tritt einen Ball.
Es rennt die Treppen hinauf.

6 Jahre
Das Kind macht hohe Sprünge auf einem Sprungbrett.
Es steht für acht bis zehn Sekunden auf einem Bein mit geschlossenen Augen.
Es springt weit (ca. 75 cm).

7 Jahre
Die Bewegungsabläufe und Motorik sind gut entwickelt; das Kind bewegt frei seinen ganzen Körper.
Es springt weit (ca. 1 Meter).
Es springt hoch (ca. 40 cm).
Es kann Seilspringen.
Es steht auf einem Bein.
Es macht Purzelbäume.

WIE DIE GROBMOTORIK GEFÖRDERT WERDEN KANN

Das beste ist, wenn sich das Kind jeden Tag bewegt – am besten draußen. Es drängt förmlich darauf, sich zu bewegen, und es gibt viele Spiele, die seiner Lust nach Bewegung entsprechen.
Ein Kind, das sich nicht bewegen darf, kann auch nicht still sitzen.
Bewegung erfordert keine speziellen Spielgeräte. In dem Straßenkinderprojekt in Argentinien gab es einen gepflasterten Hof und 20 alte Autoreifen, mit denen die Kinder viele Spiele erfanden. Sie liefen herum, rollten die Reifen, sprangen darüber, hinein und heraus, stellten sie in eine Reihe und hüpften in komplizierten Mustern. Die Kinder rannten um die Wette und hüpften auf verschiedenste Arten. Sie machten einen Handstand gegen die Hauswand, schauten dabei nach vorne und nach hinten. Sie spielten verschiedene Hüpfspiele zu unterschiedlichen Rhythmen, machten Singspiele, warfen Bälle und spielten Fußball.
Kinder lieben Herausforderungen, und es kann ein großer Spaß für sie sein, an einem Hindernisrennen teilzunehmen.
Es ist sinnvoll, ein „Bewegungs-Programm" aufzustellen, das die Fähigkeiten der unterschiedlichen Altersstufen berücksichtigt und mehrmals wöchentlich durchgeführt werden kann.

BEWEGUNGSPROGRAMME

0 – 1 Jahr
Die Arme und Beine des Säuglings beugen und strecken.
Ihn an seinen Armen hochziehen.
Mit seinen Beinen „fahrradfahren".
In die Hände klatschen.
Rollen.
Zu etwas hinkrabbeln.

1 – 2 Jahre
Rollen.
Krabbeln wie eine Katze oder ein Hund.
Hinsitzen/Aufstehen.
Langsam gehen/hüpfen.
Schnell drehen.

Bewegungssinn – Entwicklung der Grobmotorik

2 – 3 Jahre
Langsam gehen/gehen und mit den Füßen aufstampfen.
Gehen und in die Hände klatschen.
Fußballspielen im Flur.
Rückwärts gehen.
Schlange spielen und im Flur über den Boden kriechen.
Hüpfen zu Musik.

4 – 5 Jahre
Im Raum herumrennen.
Eine Zeitlang auf einem Bein stehen.
„Flugzeug" über einem Stuhl spielen (ausgestreckte Arme,
Beine und Kopf).
Hüpfen/Rückwärts gehen.

6 – 7 Jahre
Auf allen Vieren im Kreis kriechen.
Marschieren wie Soldaten und dabei die Arme schwingen.
Auf Zehenspitzen gehen.
Auf den Fersen gehen.
Rennen.
Hüpfen.
Einen weiten Sprung machen.
Einen hohen Sprung machen.
Gehen wie auf einem „Hochseil".

Danach entspannt auf den Boden liegen, Musik hören, jemandem beim Vorlesen oder beim Singen zuhören.

WEITERE MÖGLICHKEITEN ZUR FÖRDERUNG DER GROBMOTORIK:

- Trampolin springen; Körperteile dazu schwingen; Knie anziehen; Dreh- und Spreizbewegungen; bestimmte Sprünge üben usw.

- Hampelmann spielen: die Gesamtbewegung in Einzelbewegungen zerteilen, diese üben und wieder zur Gesamtbewegung zusammenfügen.

Bewegungssinn – Entwicklung der Grobmotorik

- Kämpfen, Ringen, Raufen nach vereinbarten Regeln (wichtig: Stopregel einbauen, damit das Kind einen angstmachenden bzw. schmerzhaften Zustand sofort beenden kann).
- Ballspiele wie Fußball, Völkerball, Zuwerfspiele.
- „Wer hat Angst vor dem schwarzen Mann".
- Gladiatorenkampf: Zwei Kinder verschränken hinter ihrem Rücken die Arme und versuchen den anderen durch schieben und drücken von der Stelle zu bringen.
- Bewegungsparcour: Die Kinder kriechen, klettern oder gehen der Reihe nach über bzw. durch Hindernisse (Röhren, Balancestege, Hürden, Stangen usw.).
- Kletterbäume, Kletternetze usw. erklimmen.
- Im Garten arbeiten, mit einem Spaten umgraben, Schubkarren schieben.
- Spiele mit Rollbrett, Hopsbällen, Pedalo oder anderen psychomotorischen Übungsgeräten.
- Reise nach Jerusalem (siehe Spieleliste).
- Katz und Maus (siehe Spieleliste).
- John (siehe Spieleliste).
- Mach dies – mach das (siehe Spieleliste).
- Armdrücken.
- Baum-Fangen (siehe Spieleliste).
- Paar-Fangen (siehe Spieleliste).
- Rennen und Anhalten.
- Sackhüpfen.
- Seilhüpfen.
- Purzelbäume machen.
- Kriechen wie Schlangen.

Bewegungssinn – Entwicklung der Grobmotorik

Die Spiele können in Geschichten eingebaut werden, die alle Bewegungen enthalten, welche die Kinder üben sollen. Es ist wichtig, die Kinder beim Üben zu beobachten, um sie gegebenenfalls unterstützen und ihnen bei der Entwicklung ihrer Motorik helfen zu können.

Bewegungssinn – Entwicklung der Grobmotorik

ANREGUNGEN FÜR DIE DISKUSSION IM TEAM UND BEI ELTERNABENDEN

1. Häufig schränken uns in unserer Arbeit diffuse Ängste davor ein, andere Mitarbeiterinnen könnten mißbilligen, was wir den Kindern erlauben. Diskutieren Sie also in den Gruppen folgende Themen:
   - Dürfen die Kinder auf Bäume klettern? Wenn ja, warum? Wenn nein, warum nicht?
   - Welche Bewegungsmöglichkeiten bieten wir ihnen?
   - Wie sehen unsere Außenspielflächen aus?
   - Welches Material, welche Geräte fördern Bewegung?
2. Erarbeiten Sie Bewegungsprogramme für die verschiedenen Altersstufen.
3. Erfinden Sie „Bewegungsgeschichten", die viele Bewegungsanregungen enthalten.

Themen für den Elternabende

- Die Bedeutung der Bewegung für das Lernen insgesamt
- Sprache und Bewegung
- Kleider und Bewegung: Wie sollten die Kinder angezogen sein, um mit möglichst viel Bewegungsfreiheit draußen spielen zu können?

Projekte für eine Arbeitsgruppe in der Einrichtung

- Lektüre von Fachliteratur über Bewegungsförderung (s. Literaturhinweise).
- Jedes einzelne Kind beobachten und die Beobachtungen mit den Kolleginnen und Kollegen diskutieren.
- Erstellen von Bewegungsprogrammen für unterschiedliche Altersstufen und sie im Team ausprobieren.
- Entwicklungsgemäße Bewegungsspiele auswählen und eine „Reihenfolge" aufstellen.
- Alle Themen, die bei den Arbeitsgruppentreffen auftauchen, eingehend diskutieren.

Die Hand
Entwicklung der Feinmotorik

Gleichzeitig mit der Motorik entwickeln sich die verschiedenen Bereiche der Wahrnehmung, wie das Sehen, das Fühlen und der Gelenk- und Muskelsinn. Dies ist die Voraussetzung dafür, daß ein Kind fähig ist zu erfassen, was es in der Hand hält. Ein Kind begreift, indem es im Wortsinn etwas be-greift.
Die erste Stufe in der Entwicklung der Handmotorik ist der Greifreflex, der sich zu einer anfangs noch unkoordinierten Greifbewegung weiterentwickelt. Die Koordination von Augen und Händen beginnt im Alter von etwa vier bis sechs Monaten, wenn der Säugling Gegenstände in seiner Hand sehen kann. In dieser Zeit ist es ihm auch möglich, seine beiden Hände vor dem Körper zusammenzulegen. Die Koordination beider Körperhälften beginnt. Für ein Kind ist es sehr viel schwieriger, einen Gegenstand loszulassen als ihn zu greifen. Anfangs hält es alles mit großer

Die Hand – Entwicklung der Feinmotorik

Kraft fest; erst später lernt es seine Kraft beim Greifen der Situation angemessen zu variieren. Der Wechsel zwischen Schließen und Öffnen der Hand ist so schwierig, daß das Kind erst im Alter von etwa zwölf Monaten und erst mit viel Übung Gegenstände von sich aus loslassen kann. Geben und Nehmen wird dann zu seinem Lieblingsspiel. Alle, die Zeit mit einjährigen Kindern verbracht haben, wissen, wie oft sie Löffel oder Bauklötzchen vom Boden aufgehoben haben – einfach, weil das Baby nichts lieber macht, als die Gegenstände immer wieder hinunterzuwerfen. Dabei macht es verschiedene Erfahrungen, z.B. welche Geräusche die Bauklötzchen machen, wenn sie auf den Boden fallen, wie lange sie dafür brauchen usw.

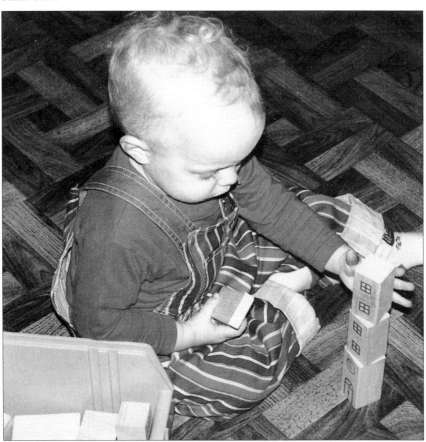

ENTWICKLUNG DER HANDMOTORIK

Der *Greifreflex* ist ein Bewegungsreflex, der durch Berührung der Handinnenfläche ausgelöst wird. Mit ungefähr zwei Monaten beginnt sich die Hand zu öffnen, und der Daumen kommt heraus. Mit vier Monaten sollte der Säugling den Greifreflex soweit unterdrücken können, daß es ihm möglich ist, Gegenstände zu greifen und sie mit unserer Unterstützung wieder loszulassen.

Die *Ulnar-Palmar-Reaktion* beginnt mit ungefähr drei Monaten. Der Säugling hält mit dem kleinen, dem Ring- und Mittelfinger Dinge fest, nicht aber mit dem Daumen und dem Zeigefinger. Mit diesem Griff fällt es ihm sehr schwer, etwas in den Mund zu stecken. Kleine Gegenstände verschwinden im Innern der Hand. Wenn ein Säugling mit einer Hand greift, macht er oft eine entsprechende Bewegung mit der anderen Hand.
Ulnar ist der Armknochen auf der Seite des kleinen Fingers, Palmar ist die Handfläche.

Den *Radial-Palmar-Griff* sieht man nach etwa sechs Monaten. Das Baby greift mit der Handfläche der leicht gebeugten Hand und krümmt dabei seine Finger um den Gegenstand.
Radial ist der Armknochen auf der Seite des Daumens, Palmar die Handfläche.

Die Hand – Entwicklung der Feinmotorik

Der *Fingergriff* ist mit ungefähr acht Monaten möglich. Das Baby hält einen Gegenstand mit vier oder fünf Fingern. Der Gegenstand befindet sich nicht länger im Innern der Hand.

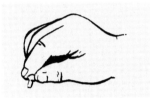

Der *Pinzettengriff* taucht mit elf bis zwölf Monaten auf. Das Baby hält mit Daumen und Fingerspitzen einen Gegenstand und liebt es, winzige Dinge, z.B. Krümel, die es auf dem Boden entdeckt, in die Hand zu nehmen.

Spitzer Griff nennt man den Handgriff, mit dem das Kleinkind im Alter von ein bis zwei Jahren Gegenstände von oben anpackt und dabei den Handrücken aufwärts nach oben hält.

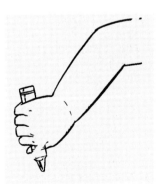

Mit dem *Kreuzgriff* hält das Kind im Alter von ungefähr zwei Jahren einen Stift oder einen Löffel fest. Es klemmt den Stift mit der Hand und dem Daumen ein, die Hand zeigt nach unten, der Griff ist nach innen gewandt, die Bewegung kommt aus der Schulter und dem Ellbogen. Es ist eine grobmotorische Bewegung, und das Handgelenk bleibt unbewegt. Es kann sein, das Kind entdeckt, daß sich der Stift leichter lenken läßt, wenn es den gleichen Griff benützt und dabei den Zeigefinger ausstreckt.

Die Hand – Entwicklung der Feinmotorik

Den *Pinselgriff*, auch Fingerspitzengriff genannt, beherrscht das Kind mit drei bis vier Jahren. Das Kind benutzt jetzt nur noch die Finger, um einen Gegenstand festzuhalten. Die Hand ist nach wie vor nach innen gewandt, die Bewegung beginnt jedoch im Handgelenk.

Der *Griff zwischen Daumen und Zeigefinger* entwickelt sich im Alter von ungefähr fünf Jahren. Jetzt kann die Bewegung zunehmend auf den Unterarm, das Handgelenk und die Finger begrenzt werden. Anfangs hält das Kind die Hand hoch, später lernt es, sie auch nach unten zu senken. Ein Stift wird mit Daumen, Zeige- und Mittelfinger gehalten, und die Hand wird leicht nach nach außen gedreht.

Daumenopposition: Mit etwa fünf Jahren ist ein Kind fähig, den Daumen in Richtung jedes anderen Fingers zu bewegen. Der Daumen ist so beweglich, daß er kreisen und sich quer über die Handinnenfläche mit Daumennagel nach oben legen kann. Wenn der Daumen zu diesen Bewegungen nicht fähig ist, können Sie davon ausgehen, daß der Pinzettengriff schlecht entwickelt ist und geübt werden sollte.

Erst im Alter von sechs bis sieben Jahren koordiniert das Kind beide Hände, um beispielsweise mit Messer und Gabel essen zu können.

Die Hand – Entwicklung der Feinmotorik

BALLSPIELE

Ballspiele sind die weiterentwickelten Nimm-und-Gib-Spiele des Kleinkindes. Wenn das Kind den Ball fängt, streckt es anfangs seine Unterarme und Hände aus und wartet auf den Ball. Es greift nach ihm mit beiden Händen und gespreizten Fingern. Wenn es einen großen Ball wirft, hält es ihn auf der Unterseite und wirft ihn zugleich nach vorn und in die Höhe. Ein zwei- bis dreijähriges Kind wirft nicht in eine bestimmte Richtung und kann auch noch nicht rennen und gleichzeitig werfen. Mit fünf Jahren wird das Werfen koordinierter und gerichteter. Grundsätzlich ist es schwieriger, einen kleinen Ball zu fangen als einen großen. Um einen kleine Ball zu fangen, muß das Kind seine Hände zu „Schälchen" formen. Das Ballspiel regt viele andere Sinne an:

- Sehen: Das Kind folgt dem Ball mit den Augen und richtet seinen Blick darauf.

- Hören: Es hört, wie der Ball auf den Boden oder an die Wand schlägt.

- Fühlen: Der Ball berührt seine Handflächen.

- Gelenk- und Muskelsinn: Das Kind spürt, wieviel Kraft zum Werfen erforderlich ist. Es übt die Richtung und erfährt, wie weit es werfen kann.

- Gleichgewichtssinn: Bei vielen Ballspielen läßt sich üben, gleichzeitig zu rennen und einen Ball zu halten, ihn zu werfen oder mit ihm auf dem Boden zu „dribbeln". Kinder spielen überall auf der Welt mit Bällen. Bei diesen Spiele können sie sich austoben und lernen mit anderen zu kooperieren.

- Viele Kinder brauchen für ihren Spaß nur einen Ball.

SCHNEIDEN

Das Schneiden mit einer Schere ist eine schwierige Aufgabe, die hohe Anforderungen an die Handmotorik, die Augen-Hand-Koordination und die Dosierung der Kraft stellt. Bevor seine Handmotorik ausreichend entwickelt ist und die Augen-Hand-Koordination eine gewisse Reife besitzt, kann ein Kind nicht entlang einer Linie schneiden. Mit ein bis zwei Jah-

Die Hand – Entwicklung der Feinmotorik

ren kann ein Kind Papier zerreißen. Noch im Alter von zwei bis drei Jahren ist die Gefahr groß, daß es sich mit einer Schere selbst verletzt. Mit vier bis fünf Jahren kann es Zickzack-, Wellenlinien oder Kreise schneiden, mit etwa sechs Figuren und mit sieben Jahren Spiralen.

Wenn die Handmotorik eines Kindes noch zu wenig entwickelt ist, dann sollten Sie keine Griffe mit dem Kind einüben, die es noch nicht kann. Beginnen Sie mit anderen Materialien, beispielsweise Ton, Sand, Wasser und Farben, die das Fühlen mit den Händen fördern. Spielen Sie Fingerspiele, singen Sie Lieder mit Fingerbewegungen, bauen Sie mit Bauklötzchen, lassen Sie es Holzperlen aufziehen, Puzzles legen, oder nähen Sie mit dem Kind.

Schreiben

Schreiben zu lernen ist eine der schwierigsten Aufgaben für ein Kind. Ist seine Handmotorik wenig entwickelt, muß es sich beträchtlich konzentrieren, um Wörter Buchstabe für Buchstabe zusammenzusetzen, und hat große Schwierigkeiten, zugleich deren Bedeutung zu verstehen. Eine nicht ausreichend entwickelte Handmotorik behindert daher das Mitkommen in der Schule.

Um schreiben zu lernen, braucht es

- eine gut entwickelte Handmotorik;
- eine klar bestimmte dominante Hand (rechts/links);
- die Koordination von Augen und Hand;
- die Entwicklung der Augenmuskeln, ein koordiniertes Sehen beider Augen und die Fähigkeit, etwas mit den Augen zu fixieren;
- das Erkennen von Bildern;
- das Wiedererkennen von Tönen und Wörtern;
- das Wiedererkennen von Formen (Buchstaben);
- die Fähigkeit, einem Gespräch zu folgen und einen gewissen Wortschatz.

Ein Schulkind mit Schreibproblemen sollte nicht nur schreiben üben. Es ist nötig, alle genannten Punkte bei Übungen und Spielen zu berücksichtigen.

Die Hand – Entwicklung der Feinmotorik

Hinweise zur Stimulierung der Handmotorik

Körperwahrnehmung: Bewegungsspiele und Kinderreime helfen, den eigenen Körper, die Arme, Hände, Finger und Nägel kennenzulernen und die einzelnen Körperteile zu benennen.

Taktile Stimulierung: Spiele mit verschiedenen Materialien wie Sand, Lehm und Farben üben den Tastsinn. Zu spüren, wie sich etwas anfühlt, ist von größter Wichtigkeit für die Entwicklung der Fähigkeiten der Hand. Ein differenzierter Tastsinn ist die Voraussetzung, um mit den Händen präzise und mit dem angemessenen Krafteinsatz arbeiten zu können.

Kinästhetische Wahrnehmung: Mit Kinderreimen und Fingerspielen läßt sich üben, Spannung und Entspannung der Finger wahrzunehmen, zu merken, welcher Finger gekrümmt und welcher ausgestreckt, was links und was rechts ist, ohne dabei hinzusehen.

Gezielte Handgriffe lassen sich beim Spielen mit Bauklötzchen, Lego-Steinen, anderen Konstruktions-Materialien oder Puzzles üben. Das gleiche gilt für Zeichnen, Malen, Nähen oder das Aufziehen von Holzperlen.

Gegenläufige Daumenbewegung: Fingerspiele, Fingerpuppen, das Spielen mit Ton oder die Arbeit mit der Schere fördern die Beweglichkeit des Daumens und die Fähigkeit, mit den Fingerspitzen Gegenstände zu erspüren.

Die Handdominanz

Unser Gehirn besteht aus zwei Hälften, und jede Hälfte kontrolliert die gegenüberliegende Seite des ganzen Körpers. Der neugeborene Säugling hat noch keine dominante Seite. In seinem ersten Lebensjahr benutzt er die eine Hand nicht mehr als die andere. Im Alter von drei Jahren hat sich ein Kind in der Regel für eine bestimmte Hand „entschieden", wenn es darum geht, schwierigere Aufgaben zu erledigen. Für einfache Verrichtungen verwendet es aber nach wie vor auch die andere Hand.

Die Hand – Entwicklung der Feinmotorik

Bei der Handdominanz gibt es folgende Möglichkeiten:

Vollkommen rechtshändig: Diese Kinder benützen nahezu ausschließlich die rechte Hand beim Essen, Nähen, Ballwerfen, Schneiden usw.

Vollkommen linkshändig: Für diese Kinder ist ihre linke Hand die wichtige. Wenn sie Gegenstände in die rechte gelegt bekommen, nehmen sie diese sofort in die linke Hand.

Beidhändig: Beide Hände sind gleich gut entwickelt, und Geschicklichkeit erfordernde Bewegungen werden mal mit der einen, mal mit der anderen ausgeführt. Trotzdem wählen beidhändig orientierte Kinder oft eine Hand für eine bestimmte Tätigkeit aus, auch wenn sie diese ebenso gut mit der anderen verrichten könnten. Ein beidhändiges Kind zeichnet beispielsweise mit der linken Hand, schneidet und ißt mit der rechten.

Gemischte Dominanz: Kinder mit gemischter Handdominanz benutzen für verschiedene Tätigkeiten zunächst die eine und dann die andere Hand.

Es ist wichtig, zu beobachten und herauszufinden, welche Hand dominiert, weil es die Entwicklung natürlicher Bewegungsabläufe erleichtert. Der sechsjährige Richard beispielsweise, der neu in unsere Einrichtung kam, hatte große Schwierigkeiten beim Zeichnen. Er hielt die Kreide verkrampft, erst in der einen, dann in der anderen Hand und manchmal sogar mit beiden Händen. Gleichzeitig machte er dazu viele andere Bewegungen und Grimassen. Beim Gespräch mit seiner Mutter fiel auf, daß sie ihn aufforderte, seine rechte Hand zu benützen. Wir konnten sehr schnell entdecken, daß Richard eine leichte linkshändige Dominanz hatte und er bisher nur immer die falsche Hand benützt hatte. Es war einfach, ihm zu helfen.

Mögliche Schwierigkeiten für linkshändige Kinder:

- Ihr Winken und Grüßen kann unbeholfen aussehen.
- Schreiben mit der linken Hand kann schwieriger sein, als dies umgekehrt für rechtshändige Kinder mit der rechten Hand ist.
- Die meisten Scheren und Geräte sind für rechtshändiges Arbeiten konstruiert.

Die Hand – Entwicklung der Feinmotorik

Hinweise zum Erkennen der Handdominanz

- Nachfragen, welche Disposition vererbt wurde. Ist jemand in der Familie – Eltern, Großeltern oder Geschwister – Linkshänder?
- Welche Hand benutzt das Kind am häufigsten?
- Mit welcher Hand führt das Kind komplizierte Bewegungen durch?
- Welches ist die schnellere und sichere Hand?
- Welche Hand kann besser einen Löffel oder einen Stift halten?

Ob ein Kind seine rechte oder seine linke Hand häufiger benutzt und wie weit seine Handmotorik entwickelt ist, läßt sich am besten beobachten, wenn das Kind

- mit Bauklötzchen baut;
- seine Haare kämmt;
- mit einem Ball spielt;
- seine Zähne putzt;
- zeichnet;
- eine Kerze mit einem Streichholz anzündet;
- mit einem Pinsel malt;
- kleine Gegenstände wie Perlen, Steine sortiert;
- schreibt;
- Perlen aufzieht;
- Tennis oder Tischtennis spielt;
- Werkzeuge wie Hammer oder Schraubenzieher benützt;
- mit der Schere schneidet.

Was beeinflußt die Herausbildung der Handdominanz?

Niemand kann bisher eine wissenschaftliche Erklärung dafür geben, warum welche Hand dominiert. Die komplizierten Prozesse im Gehirn sind noch zu wenig erforscht.
Bisher existierende Studien haben unterschiedliche Erklärungen hervorgebracht:

- Die Handdominanz wird vererbt.
- Viele Menschen geben der rechten Hand den Vorzug, weil die Arbeitsgeräte für Rechtshänder hergestellt werden.
- Eltern oder andere Menschen in der Umgebung werden unbewußt nachgeahmt.

DIE ENTWICKLUNG DER HANDMOTORIK

Die Zeitangaben sind grobe Orientierungen für den Entwicklungsstand der Kinder.

0 – 1 Monat
Die Hand ballt sich zur Faust.
Greifreflex.
Ein Finger wird umklammert und nicht mehr losgelassen.

3 – 4 Monate
Der Greifreflex wird allmählich schwächer, so daß das Baby einen Gegenstand loslassen kann, wenn Erwachsene ihn nehmen.
Greifen mit Mittel-, Ring- und kleinem Finger und der Handfläche, nicht aber mit Daumen oder Zeigefinger.
Das Baby streckt seine Hand aus, um Gegenstände zu greifen.
Wenn das Baby etwas greifen will, hält es machmal den danebenliegenden Gegenstand fest.

5 – 6 Monate
Das Baby hält einen ziemlich großen Gegenstand mit beiden Händen.
Es läßt einen Gegenstand los.
Es hält Gegenstände mit der ganzen Handfläche und klammert sie dabei mit allen Fingern fest.
Es legt ein Spielzeug von einer Hand in die andere.
Es schlägt Löffel und andere Gegenstände auf den Tisch.

8 – 9 Monate
Gib- und Nimmspiele.
Es wirft Löffel und anderes immer wieder auf den Boden.

Die Hand – Entwicklung der Feinmotorik

Das Baby hält in jeder Hand ein Bauklötzchen und schlägt sie gegeneinander.
Es kann einen Gegenstand mit den Fingern aufnehmen, dreht Gegenstände und beobachtet sie dabei.

1 Jahr
Daumen und Zeigefinger halten kleine Gegenstände (Pinzettengriff).
Das Kind spielt gerne mit unterschiedlichen Gegenständen.
Es greift Gegenstände von oben und hebt dabei den Handrücken hoch (spitzer Griff).
Es dreht die Arme nach innen.

1 1/2 Jahre
Es versucht, einen Ball zu werfen.
Es baut einen Turm mit drei Bauklötzchen.
Es umklammert mit den Fingern den Griff eines Löffels .
Es ißt selbst mit einem Löffel, verschüttet dabei aber noch viel.

Die Hand – Entwicklung der Feinmotorik

2 Jahre

Das Kind hält Kreide und Löffel mit dem Kreuzgriff.
Es baut einen Turm mit sechs Bauklötzchen.
Es wirft den Ball in eine bestimmte Richtung.

2 1/2 Jahre

Beim Zeichnen hält das Kind seine Hand quer über den Stift, oft mit ausgestreckten Zeigefinger.
Das Kind streckt seine Finger soweit wie nötig aus, wenn es einen Gegenstand nehmen will.
Es fängt einen großen Ball mit beiden Armen, die es gegen den Brustkorb drückt.

3 Jahre

Das Kind gießt Wasser in einen Krug.
Es baut einen Turm mit acht Holzklötzchen.
Es hält einen Stift mit dem Kreuzgriff.
Das Kind zeichnet mit dem ganzen Arm und hält Kreide mit aller Kraft fest.

4 Jahre

Das Kind beginnt mit Bewegungsabläufen in Handgelenk und Fingern.
Es hält den Stift oder die Kreide mit den Fingern und dreht die Hand beim Zeichnen nach außen.
Es fängt einen großen Ball.
Es fängt einen kleinen Ball mit der hohlen Hand.
Es kann entlang einer Linie schneiden.
Bei den meisten Kindern ist klar, welche Hand dominiert.

5 Jahre

Das Kind hält einen Stift zwischen Daumen und Zeigefinger fest.
Es läßt einen Ball gegen den Boden springen und fängt ihn mit beiden Händen.
Es malt mit einem Pinsel, ohne den Stiel gegen das Papier zu drücken.

Die Hand – Entwicklung der Feinmotorik

Es streckt seine Hände aus, um einen kleinen Ball zu fangen.
Es schneidet Zickzack-Linien, Kreise und Wellen.
Es wirft schwere Bälle und fängt sie.

6 Jahre
Das Kind streicht Butter und schneidet Brot.
Es berührt mit dem Daumen die Fingerspitzen.
Es kann den Daumen quer über die Hand legen.
Es wirft einen schweren Ball gegen eine Wand oder in die Luft und fängt ihn auf.
Es schneidet Figuren aus.
Der Griff mit Daumen und Zeigefinger wird genauer.
Eine Hand dominiert.

7 Jahre
Das Kind hält Löffel oder Stifte wie Erwachsene, schreibt und zeichnet mit nach außen gewendeter Hand.
Es schneidet sein Essen in Stücke.
Es ißt mit Messer und Gabel und die Hände kooperieren miteinander.
Es hält beim Schreiben einen Stift ohne großen Krafteinsatz.
Es schneidet Spiralen und schlangenförmige Figuren aus.

Die Hand – Entwicklung der Feinmotorik

Wie die Handmotorik gefördert werden kann

Zunächst einmal ist es wichtig, daß die Kinder häufig mit Materialien spielen, die ihre taktilen und kinästhetischen Fähigkeiten anregen. Besonders geeignet sind Ton, Fingerfarben, Teig, Sand und Wasser. Das Spielen mit diesem Materialien läßt die Kinder spüren, wann sich ihre Hände anspannen und wann sie sich entspannen.

Die üblichen Beschäftigungen im Kindergarten wie Schneiden, Malen, Kleben und Bauen mit Bausteinen sind ausgezeichnete feinmotorische Übungen. Die Entwicklung der Hand- und Fingergeschicklichkeit hängt wesentlich von der Vielfalt der erlebten Wahrnehmungs- und Bewegungserfahrung mit den unterschiedlichsten Materialien ab. Für die feine Koordination von Schulter, Arm, Hand und Finger braucht es ebenso eine intakte Sensomotorik, d.h. taktiles Wahrnehmen bis in die Fingerspitzen, Rumpfstabilität, eine ausgebildete Handdominanz, Kreuzen der Mittellinie und dosierten Krafteinsatz.

Finger- und Singspiele

Finger- und Singspiele sowie das Spielen mit Finger- und Handpuppen helfen, die Geschicklichkeit und Beweglichkeit der Hand zu verbessern. Es ist bekannt, daß Fingerübungen auch die Sprachentwicklung fördern. Die Wahrnehmung der Hände entwickelt sich weiter, wenn wir die Kinder auf einem Blatt Papier die Umrisse ihrer Hände zeichnen lassen und den Fingern Namen geben. Abdrücke in Farbe oder Gips können diese Eindrücke noch vertiefen.

Ballspiele

Ein Ball hilft immer, die Entwicklung der Handmotorik zu fördern. Kinder können beispielsweise

- in der Runde sitzen, einen Ball zu einem anderen Kind werfen und dessen Namen sagen;
- den Ball gegen eine Wand werfen;

- mit dem Ball auf den Boden „dribbeln";
- zu zweit mit dem Ball spielen;
- den Ball zu anderen Kindern springen lassen;
- mit zwei oder drei Bällen gleichzeitig spielen;
- einen Ball immer wieder in die Luft werfen und ihn fangen, ohne ihn fallen zu lassen

Weitere mögliche Spiele und Übungen:

Um die Fingerfertigkeit und die Entwicklung der verschiedenen Griffe zu unterstützen, sollten kleine Kinder mit dicken Stiften und ältere Kinder mit dünneren zeichnen. Für Kinder ist es ungemein wichtig, zu zeichnen, mit dem Pinsel zu malen und überhaupt mit Händen zu spielen. Schwieriger ist eine andere Übung: Die Hand liegt zur Faust geballt auf dem Tisch, jeder einzelne Finger wird einige Male gestreckt, gekrümmt, wieder gestreckt und gekrümmt, ohne dabei die ganze Hand zu bewegen.

Die gegenläufige Bewegung des Daumens wird bei allen Tätigkeiten geübt, bei denen der Daumen andere Finger berührt wie beim Nähen, beim Aufziehen von Holzperlen, beim Sortieren von Knöpfen und Perlen oder bei Fingerspielen.

Eine Übung für die Augen-Hand-Koordination ist das Arbeiten an einer großen Schultafel. Der Erwachsene zeichnet mit Kreide eine Linie vor, die das Kind mit einem feuchten Schwamm „ausradiert". Das Kind lernt so komplizierte Bewegungsabläufe mit der Hand, dem Arm, dem ganzen Körper. Diagonale Linien auf- und abwärts, Halbkreise und Kreise können gezeichnet und wieder weggewischt werden. Die Arbeit an der Tafel unterstützt neben der Handmotorik auch grobmotorische Bewegungsabläufe. Dieselben Bewegungen können später auch auf einer Gymnastikbank gemacht werden. Eine weitere gute Bewegungsübung ist das „Malen" mit einer Malerrolle, die vorher ins Wasser getaucht worden ist. Um koordinierte Bewegungen der Arme und Hände einzuüben, ist das Malen mit Pinsel auf einer Staffelei besonders geeignet.

Die Hand – Entwicklung der Feinmotorik

ASYMMETRISCHE BEWEGUNGEN

Wenn Bewegungen nach längerer Übung automatisch ablaufen, wird es möglich, daß die eine Hand eine bestimmte Bewegung macht, während die andere gleichzeitig etwas anderes tut. Ein beliebtes Spiel ist es, mit der einen Handfläche über den Kopf zu kreisen und mit der anderen Hand auf dem Bauch auf und ab zu fahren, oder auf der Tischplatte mit dem Zeigefinger der einen Hand von vorn nach hinten und wieder zurück zu streichen und mit dem anderen Zeigefinger von links nach rechts und wieder zurück.

Schwieriger ist es, mit dem Daumen die verschiedenen Fingerspitzen zu berühren, erst bei einer Hand, dann bei beiden; dann gleichzeitig mit dem Daumen der einen Hand den Zeigefinger und mit dem Daumen der anderen Hand den kleinen Finger zu berühren, danach mit dem Daumen der einen Hand den Mittelfinger, mit dem anderen Daumen den Ringfinger zu berühren und so asymmetrisch hin- und zurückzu„wandern". Diese Bewegungen können auch bei geschlossenen Augen wiederholt werden. Dies ist eine sehr schwierige Übung, die eher das Personal üben sollte als die Kinder. Sie werden dabei feststellen, welche Schwierigkeiten hinter Bewegungen stecken können, wie beinah undurchführbar sie manchmal Kindern vorkommen und wie wir das oft nicht nachempfinden können, da sie bei uns bereits automatisch ablaufen.

DAS HERAUSBILDEN DER HANDDOMINANZ FÖRDERN

Erst wenn sie eine gewisse Körperwahrnehmung entwickelt haben, können Kinder Seiten- und Handdominanz erwerben. Die Seitendominanz hängt vor allem von der Entwicklung des kinästhetischen Sinnes, aber auch von der Entwicklung des Sehens ab. Um die Entwicklung der Handdominanz zu fördern, sollten deshalb zunächst Gelenke, Muskeln und Körperwahrnehmung angeregt werden. Das Kind muß wissen, wie sein Körper sich bewegt, aus welchen Teilen er besteht und wie diese heißen.

Hilfreiche Spiele und Übungen dazu sind:

- Rollenspiele, z.B.: „John" und „Mach dies – mach das" (siehe Spieleliste).

Die Hand – Entwicklung der Feinmotorik

- Fingerspiele.
- Mit geschlossenen Augen auf Körperteile zeigen.
- Mit Ton, Sand und Fingerfarben arbeiten.
- Entspannungsübungen, z.B.
- auf dem Rücken liegen, die Arme gegen den Boden drücken;
- Wechsel von Spannung zu Entspannung;
- Gebratener Fisch (siehe Spieleliste);
- „Ungekochte und gekochte Spaghetti" (siehe Spieleliste).

Nach und nach kann Handdominanz direkt gefördert werden, z.B durch:

- Fingerübungen,
- Ballspiele,
- Gegenstände immer in die dominante Hand geben,
- Immer wieder die rechte und linke Seite zeigen,
- Zeichnen und malen mit der dominanten Hand.

WEITERE MÖGLICHKEITEN ZUR FÖRDERUNG DER HANDMOTORIK:

- Malen mit Rasierschaum auf großen Spiegeln.
- Mikado.
- Würfelspiele.
- Öffnen und Schließen von Dosen und Tuben mit verschiedenen Schraubverschlüssen.
- Sand oder Bohnen mit den Händen, mit Löffeln, mit Pinzette usw. in Gefäße einfüllen.
- Formen mit Knetgummi, Ton oder Plastilin
- Papier falten, Papier reißen
- Mit Bauklötzen oder Legosteinen bauen.
- Sortierspiele (unterschiedliche Bohnensorten, Perlen).
- kreative Spiele mit Wäscheklammern, die an Tücher, Kleider, Schnüren befestigt werden.
- Tücher, Seile verknoten.
- Essen mit Kindern zubereiten (Obstsalat schneiden, Butterbrote schmieren usw.).
- Mit Hammer und Nägeln werken; sägen.
- Blumen, Setzlinge in ein Gartenstück einpflanzen und pflegen.

Die Hand – Entwicklung der Feinmotorik

Die Hand – Entwicklung der Feinmotorik

ANREGUNGEN FÜR DIE DISKUSSION IM TEAM UND BEI ELTERNABENDEN

1. Welches Material benötigen wir zur Unterstützung der Handmotorik?
2. Auf welche Weise halten die Kolleginnen und Kollegen den Stift, wenn sie schreiben?
3. Was sind unsere Ansprüche, wenn Kinder mit Messer und Gabel essen? Erinnern Sie sich daran, daß ein Kind vor dem Alter von sieben Jahren motorisch nicht in der Lage ist, „korrekt" mit Messer und Gabel zu essen.
4. Ist jemand Linkshänder? Welchen Einfluß hat das?
5. Welche Einstellungen haben wir zum Thema Links- und Rechtshändigkeit?
6. Wie greifen die einzelnen Kinder? Wirkt ihre Handmotorik natürlich?
7. Die Handdominanz aller Kinder in einer Gruppe betrachten und besonders aufmerksam die Kinder beobachten, die sich noch nicht entschieden haben.
8. Sich gegenseitig die beliebtesten Fingerspiele beibringen und sie in ein Gruppenbuch schreiben.

Themen für den Elternabend:

- Die zwei Seiten eines Körpers und Linkshändigkeit.
- Welche Erfahrungen haben die Eltern und wie ist ihre Einstellung dazu?
- Gemeinsam Handpuppen herstellen.

SEHSINN
VISUELLE WAHRNEHMUNG

Die Entwicklung des Sehens ist ein komplizierter Prozeß. Ein Säugling muß das Sehen erst lernen. Vom Tag seiner Geburt an braucht er visuelle Eindrücke, damit sich sein Gehirn soweit entwickelt, bis er erfaßt, was es sieht.

Die Entwicklung des Sehens beginnt mit den unsicheren Versuchen des Neugeborenen, einen Gegenstand mit den Augen zu fixieren. Unterstützt wird es dabei durch den *Fokus-Reflex*, der hilft, den Blick auf einen Gegenstand zu richten, statt ihn nur flüchtig streifen zu lassen. Schon am zweiten Tag seines Lebens gelingt es dem Baby, für kurze Zeit einen Gegenstand zu fixieren, der sich nicht bewegt. Einem bewegten Gegenstand mit dem Blick zu folgen, ist schwieriger und braucht einige Wochen.

Sehsinn – visuelle Wahrnehmung

Das Auge paßt sich mit den rund um die Linse verlaufenden *Akkomodationsmuskeln* unterschiedlichen Entfernungen an. Diese verändern automatisch je nach Entfernung des betrachteten Objekts die Dicke der Linse und können nicht willentlich gesteuert werden. Die Augen des neugeborenen Säuglings gleichen einer Kamera mit einer festen Einstellung für Entfernungen von etwa zwanzig Zentimetern. Gegenstände, die sich weiter oder näher als zwanzig Zentimeter befinden, können nur verschwommen wahrgenommen werden. Wir sollten unbedingt daran denken, wenn wir mit einem Neugeborenen Augenkontakt aufnehmen. Zwanzig Zentimeter ist die „normale" Entfernung zu den Augen der Mutter, wenn diese den Säugling stillt. Die Fähigkeit, die Einstellung der Linse anzupassen, entwickelt sich schnell. Bereits im Alter von vier Monaten entspricht sie annähernd der eines Erwachsenen.

Der *Pupillen-Reflex* beginnt sofort nach der Geburt. Er wird ausgelöst, wenn das Auge starkem Licht ausgesetzt ist, und führt dazu, daß sich die Pupillen sofort zusammenziehen.
Der *Blinzel-Reflex* veranlaßt das Baby, bei besonders starkem Licht seine Augen zu schließen.

Der neugeborene Säugling reagiert auf Licht und versucht den Kopf in die Richtung zu drehen, aus der das Licht kommt. In der ersten Lebenswoche richtet er seinen Blick auf das Gesicht der Mutter und versucht, ihre Mundbewegungen nachzuahmen. Mit zwei bis drei Monaten kann er bereits einer Person mit seinem Blick folgen, betrachtet mit Vergnügen seine Finger oder Gegenstände in seiner Nähe.
Drei oder vier Monate später kann das Baby seinen Blick von einem Gegenstand zum anderen bewegen und sieht scharfe Bilder. Wenn das Baby acht bis neun Monate alt ist, kann es sitzend seinen Kopf bewegen, die Augen hinauf- und hinunterwandern lassen, ohne das Gleichgewicht zu verlieren.
Im Alter von vier bis fünf Jahren sind die Augen vollständig entwickelt. Der Fokus-Reflex funktioniert problemlos, das Kind kann mit beiden Augen einen Gegenstand fixieren, und diese Fähigkeit geht nicht einmal verloren, wenn ein Auge eine Zeitlang nicht gebraucht wird.

Sehsinn – visuelle Wahrnehmung

Wahrnehmung mit beiden Augen

Mit beiden Augen wahrzunehmen, bedeutet, die Seheindrücke beider Augen zu einem vollständigen Bild zu verschmelzen. Dieser Vorgang findet im Gehirn statt. Bevor dieses koordinierte Sehen vollständig entwickelt ist, verliert das Kind manchmal die Konzentration und beginnt zu schielen. Das ist vollkommen normal und bedeutet, daß eines der Augen sich überarbeitet und „verkrampft" hat. Koordiniertes Sehen kann geübt werden, indem ein Gegenstand von links nach rechts bewegt und mit dabei mit den Augen verfolgt wird. Diese Übung darf jedoch nur selten und jeweils nur für kurze Zeit durchgeführt werden, da sie die Augenmuskulatur sehr anstrengt. Koordiniertes Sehen ist eine der empfindlichsten Wahrnehmungsfunktionen. Ein leichtes Schielen kann auch das erste Anzeichen für einen Sehschaden sein und sollte jedenfalls weiterhin beobachtet werden.

Die meisten Sehtests werden mit einer Entfernung von sechs Metern durchgeführt. Ein Kind mit Sehschwäche muß unbedingt bei weniger großer Entfernung getestet werden. Wenn ein Kind beispielsweise nicht in Leseentfernung mit einem Puzzle spielen oder nähen will, sollten Sie es beobachten.

Sehschäden

- Verminderte Sehschärfe bei kurzen Distanzen (Weitsicht).
- Leichtes Schielen.
- Geringe Beweglichkeit der Augen. Für die Augenbewegungen sind sechs verschiedene Muskeln verantwortlich, die trainiert werden können.
- Akkomodationsprobleme, d.h. Schwierigkeiten im Anpassen der Augen an wechselnde Entfernungen.
- Das Kind sollte nicht ein für nahe und ein für weite Entfernungen „zuständiges" Auge haben.

Eine gut entwickelte visuelle Wahrnehmung ist die Voraussetzung für Lesen, Zählen und alle anderen Fähigkeiten, die die Kinder brauchen, um in der Schule erfolgreich zu sein.

Sehsinn – visuelle Wahrnehmung

Aspekte der visuellen Wahrnehmung

Um alle Aspekte der visuellen Wahrnehmung messen zu können hat Marianne Frostig einen Test erarbeitet, für dessen Durchführung man allerdings eine besondere Schulung benötigt. Sie hat ebenfalls ein Übungsprogramm für die Entwicklung der visuellen Wahrnehmung entwickelt. Marianne Frostig untersucht die visuelle Wahrnehmung unter folgenden Aspekten:

Koordination visueller und motorischer Aktivitäten

Dabei handelt es sich um die Fähigkeit, visuelle Eindrücke mit Bewegungen des ganzen Körpers oder Teilen des Körpers zu koordinieren, z.B. Wasser einzugießen, sich auf einen Stuhl zu setzen, einen Ball zu treten oder zwei Punkte mit einer Linie zu verbinden. Wenn das Kind mit diesen Koordinationsaufgaben Probleme hat, wird es auch Schwierigkeiten mit dem Schneiden und Schreiben haben.

Entwicklung der Auge-Hand-Koordination

etwa 2 Monate
Es gibt Verbindungen zwischen dem, was der Säugling sieht, und dem, was er in der Hand hält, aber die Augen- und Handbewegungen sind noch reflexartig. Das Baby greift zu, wenn etwas seine Hand berührt.

4 Monate
Der Säugling versucht, einen Gegenstand in die Hand zu nehmen, greift aber noch oft daneben.

6 Monate
Der Säugling kann seine Hand in verschiedene Richtungen nach Gegenständen ausstrecken. Er hat mittlerweile Übung darin, Dinge in seiner Hand zu untersuchen.

9 Monate
Der Säugling schaut nach einem Gegenstand, bevor er nach ihm greift.

12 Monate
Die meisten Kleinkinder können Türme aus zwei Bauklötzchen bauen.

Sehsinn – visuelle Wahrnehmung

18 Monate
In diesem Alter baut es Türme aus drei Bauklötzchen und viele seiner Handbewegungen sind automatisiert.

3 Jahre
Das Kind benutzt seine Hände, ohne hinsehen zu müssen.

In der Entwicklung der Auge-Hand-Koordination ist zunächst das Auge schneller als die Hand. Der Säugling sieht Gegenstände früher, als er nach ihnen greifen kann.

Gestalt-/Hintergrundwahrnehmung

Um mit dem, was man sieht, auch etwas anfangen zu können, muß man ein bestimmtes Objekt aus einer Vielfalt optischer Eindrücke „herausfiltern", es als Gestalt wahrnehmen und vom Hintergrund unterscheiden können. Wenn ein Kind dies nicht kann, wird es ihm schwerfallen, seine Sachen zu finden, Bilder zu verstehen, zu lesen und sich inmitten vielerlei visueller Reize konzentrieren zu können. Eine gut entwickelte Gestalt-Hintergrund-Wahrnehmung ist Voraussetzung dafür, die Aufmerksamkeit problemlos vom Vordergrund auf den Hintergrund zu lenken und umgekehrt.

Gestalt und Hintergrund unterscheiden zu können, setzt voraus:

- Entwicklung des visuellen Wahrnehmungsvermögens;
- Richtungs- und Raumwahrnehmung;
- Formwahrnehmung;
- Erfahrungen;
- visuelles Gedächtnis.

Zunächst kann ein Kind dreidimensionale Gegenstände unterscheiden, es erkennt beispielsweise einen Apfel auf einem Tisch oder ein Spielzeugauto auf einer Matte. Später erkennt es auch zweidimensionale Figuren wie ein Bild in einem Buch. Wenn ein Kind Gegenstände nicht betrachten kann, ohne von deren Umgebung abgelenkt zu werden, wenn es oft unkonzentriert oder hyperaktiv wird, weil seine Aufmerksamkeit zwischen unterschiedlichen Reizen hin- und herschwankt, dann sollten Erwachsene die Umgebung des Kindes „vereinfachen". In Kindertagesstätten sollten die

Sehsinn – visuelle Wahrnehmung

Erzieherinnen dafür sorgen, daß die Kinder nicht durch eine Vielzahl von Mobiles, Wand- und Fensterbildern Spielmaterial und anderen Eindrücken „reizüberflutet" werden.

Wahrnehmungskonstanz/Formwahrnehmung

Kinder müssen erst lernen, daß Gegenstände ihr Aussehen ändern können und doch die gleichen bleiben. Ein Stuhl ist ein Stuhl, egal von welcher Seite man ihn sieht, von vorne, von hinten oder von oben. Zwei Bälle sind gleich groß, auch wenn einer näher und der andere weiter weg liegt. Kinder, die damit Probleme haben, werden den Unterschied zwischen einem Quadrat und einem Rechteck, einer Zahl und einem Buchstaben kaum erkennen können. Solchen Kindern hilft es, die Umrisse von Formen oder Buchstaben aus Ton zu formen und zu ertasten oder sie mit einer Schnur auf dem Boden zu legen und sie mit den Füßen zu erspüren.

Entwicklung der Formwahrnehmung

Etwa 2 Monate
Man geht davon aus, daß der Säugling in diesem Alter beginnt, Formen zu erfassen.

Etwa 1 Jahr
Das Kind weiß, daß es sich um denselben Gegenstand handelt, wenn es ihn von verschiedenen Seiten oder vor unterschiedlichem Hintergrund sieht.

Etwa 1 1/2 Jahre
Das Kind ist fähig, auf Bildern Gegenstände wiederzuerkennen, z.B. ein Auto oder einen Ball.

Etwa 2 Jahre
Das Kind legt einfache Puzzles.

4 Jahre
Das Kind beginnt „primitive" Bilder zu zeichnen und entwickelt die Fähigkeit, eine Form in ihrer Gesamtheit zu erfassen.

Raumwahrnehmung

ist die Fähigkeit des Kindes, die räumlichen Beziehungen zwischen sich und den Gegenständen, die es beobachtet, zu erfassen. Voraussetzung dafür ist, daß das Kind alle seine Körperteile kennt, ihre Positionen in Beziehung zu anderen setzen und Entfernungen abschätzen kann. Darüber hinaus muß es die Bedeutung räumlicher Begriffe wie vor und hinter, über und unter, rechts und links kennen.

Hat ein Kind damit Schwierigkeiten, ist häufig seine Körper- und Raumwahrnehmung noch nicht weit genug entwickelt. Lesen und Zählen fallen ihm schwer, es verdreht oft Buchstaben und Zahlen und kann insbesondere die Buchstaben b, p und d und die Zahlen 6 und 9 schlecht unterscheiden.

Zur Raumwahrnehmung gehört auch die Fähigkeit, die Positionen von zwei oder mehr Gegenständen in Beziehung zueinander oder zum eigenen Körper zu setzen. Dies ist die Voraussetzung dafür, Puzzles legen, Tisch decken, zeichnen, modellieren, Gegenstände in zeitlicher Folge ordnen sowie Ähnlichkeiten erkennen und klassifizieren zu können. Wichtig hierzu ist die Fähigkeit, etwas nach einem Modell oder Muster zu kopieren. Das Kind muß zuerst lernen, mit seinem eigenem Körper andere nachzuahmen, dann mit bestimmten Gegenständen wie Bauklötzen etwas nachzubauen. Schlußendlich sollte es Gegenstände oder Bilder abzeichnen können.

Farbwahrnehmung

Neuere Forschungen haben ergeben, daß Säuglinge schon sehr früh Farben wahrnehmen. Schon ein zwölf Stunden altes Neugeborenes kann Farben sehen. Es scheint, daß er rot und gelb vor allen anderen Farben bevorzugt. Die für die Farbunterscheidung zuständigen Zäpfchen in der Netzhaut des Auges entwickeln sich bei Jungen später als bei Mädchen, so daß Jungen sich häufig schwerer damit tun, grün und blau zu unterscheiden. Insgesamt gibt es mehr farbenblinde Jungen als Mädchen.

Sehsinn – visuelle Wahrnehmung

Entwicklung der Farbwahrnehmung

2 – 2 1/2 Jahre
Das Kind unterscheidet zwischen rot, gelb, grün, blau und schwarz und kann Gegenstände gleicher Farbe einander zuordnen.

3 – 4 Jahre
Das Kind kann zwei Farben richtig benennen.

4 – 5 Jahre
Das Kind unterscheidet Farbtöne. Es kann drei Farbtöne derselben Farbe einander zuordnen. Allerdings gilt das nur für die Farben rot, gelb, grün und blau. Es kennt die Namen der Farben.

5 – 6 Jahre
Oft kennt das Kind 6 verschiedene Töne einer Farbe.

Bewegung

ist von entscheidender Bedeutung für die Entwicklung der visuellen Wahrnehmung. Was immer wir tun, es geschieht im Raum, in dem wir uns befinden. Durch Bewegung lernen wir wahrzunehmen, was wir sehen. Kinder mit Lernschwierigkeiten brauchen Bewegungserfahrungen, um ihre Fähigkeit zur Verarbeitung visueller Eindrücke zu entwickeln. Diese Kinder sollten nicht nur das üben, was sie nicht können, sondern benötigen auch eine Förderung ihrer vestibulären, taktilen und kinästhetischen Wahrnehmung. Ihr Gleichgewichtssinn sollte angeregt werden, beispielsweise durch Waldspaziergänge abseits der Wege, durch Klettern, Trampolinspringen und Purzelbäume schlagen. Kindertagesstätten sollten Kindern entsprechende Spiel- und Übungsmöglichkeiten bieten.
Der siebenjährige Alberto aus Argentinien hatte große Schwierigkeiten in der Schule, insbesondere beim Schreiben von Buchstaben und Zahlen. Er mußte jeden Tag Stunden damit verbringen, Zahlen und Buchstaben zu zeichnen, ohne daß sich seine Leistungen dadurch verbessert hätten. Als wir begannen, nach Gründen für seine Probleme zu suchen, fanden wir heraus, daß er eine sehr schwach entwickelte Gestaltwahrnehmung hatte. Anstatt daß er weiterhin Buchstaben schreiben mußte, schlugen wir ihm vor, einfache Puzzles zu legen. Anfänglich war auch das schwierig für ihn, da er aber ausreichend Zeit bekam, die Puzzlestücke zu drehen und immer wieder zu drehen, konnte er seine Gestaltwahrnehmung trainieren. Er

Sehsinn – visuelle Wahrnehmung

übte das Unterscheiden von Quadrat, Rechteck, Kreis, Dreieck oder einem Oval und baute mit Bauklötzchen. Sein Selbstvertrauen wurde größer, und seine Schreibfähigkeit wuchs. Bald konnte er einen „Menschen" zeichnen, während er vorher lediglich Linien gezeichnet oder gekritzelt hatte.

Die Geschichte von Alberto zeigt, wie wichtig es ist, mit der Förderung auf der Entwicklungsstufe anzuknüpfen, auf der sich ein Kind befindet.

Sehsinn – visuelle Wahrnehmung

DIE ENTWICKLUNG DES SEHENS

Die Zeitangaben sind grobe Orientierungen
für den Entwicklungsstand der Kinder.

0 – 1 Monat
Das Baby schließt die Augen, wenn es starkem Licht
ausgesetzt wird.
Es beginnt, seinen Blick auf etwas zu richten.

2 Monate
Es ist fähig, einer Person mit seinem Blick zu folgen.

3 – 4 Monate
Das Baby freut sich, wenn es die Brust oder das Fläschchen sieht, und versteht, daß dies Essen bedeutet.
Die Augen folgen einem Gegenstand, der sich langsam und in kurzer Entfernung von einer Seite zur anderen, nach oben und nach unten oder im Kreis bewegt.

5 – 6 Monate
Das Baby sieht einen Gegenstand von weitem und streckt sich danach aus.
Es unterscheidet zwischen bekannten und unbekannten Personen.
Es betrachtet kleine Gegenstände.

8 – 9 Monate
Das Baby findet einen Gegenstand, der unter einem Stück Papier versteckt ist.
Es sieht Gegenständen nach, die wegrollen.

1 Jahr
Das Kind erkennt zahlreiche Gegenstände wieder.
Es greift nach Gegenständen und krabbelt auf diese zu.
Es liebt es, Bilder anzuschauen.

Sehsinn – visuelle Wahrnehmung

1 1/2 Jahre
Das Kind findet etwas, das zugedeckt war.
Es zeigt auf Dinge, die es will.
Es zeigt auf Gegenstände in Bilderbüchern.
Es findet einen bestimmten Gegenstand unter vielen anderen.

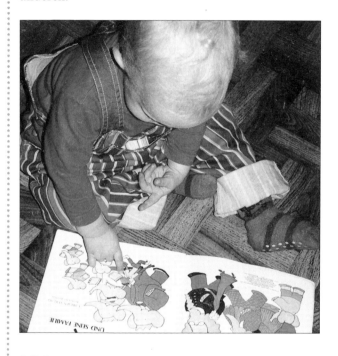

2 Jahre
Das Kind stellt Dinge an ihren Platz.
Es zeigt nach Dingen, die weit weg sind.
Es dreht Bilder in die richtige Richtung.
Es baut einen Turm mit drei oder vier Bauklötzchen.

2 1/2 Jahre
Das Kind ist fähig, die Farben rot, gelb, grün, blau, schwarz und weiß zu unterscheiden (aber weiß nicht, wie sie heißen).

Sehsinn – visuelle Wahrnehmung

3 Jahre
Das Kind kennt den Namen einer Farbe.
Es kann einfache Puzzles legen, wie beispielsweise eine Form in ein passendes Loch.

4 Jahre
Das Kind baut ein Modell nach mit drei Bauklötzchen.
Es kennt die Namen von zwei Farben.
Es zeichnet mit Kreide einen Kreis nach.
Es folgt einem Ball mit den Augen.
Gutes Fokussieren der Augen.

5 Jahre
Das Kind baut ein Modell nach mit vier Bauklötzchen.
Es erkennt Farbtöne von rot, gelb, grün und blau wieder.
Es zeichnet mit einer Kreide ein Quadrat nach.
Es kennt alle Farben.
Es kann „Ganzheiten" erkennen – und daß ein halbfertiges Haus einmal ein Haus sein wird.

6 Jahre
Das Kind spielt gern (und meist geschickter als Erwachsene) Memory-Spiele.
Es spricht über visuelle Erinnerungen, z.B. ein Fernsehprogramm.
Es kennt Farbtöne.

7 Jahre
Das Kind betrachtet ein Bild und kann anschliessend, ohne noch einmal hinzusehen, sagen, was es gesehen hat.
Es erklärt die Unterschiede zwischen zwei Gegenständen.
Es zeichnet eine komplette Figur.

Sehsinn – visuelle Wahrnehmung

WIE DAS SEHEN GEFÖRDERT WERDEN KANN

KOORDINATION ZWISCHEN SEHEN UND BEWEGUNG

- John (siehe Spieleliste).
- „Mach dies – mach das" (siehe Spieleliste).
- Schreibmaschineschreiben.
- Nähen, Weben, Werken mit Holz.
- Brotschneiden, Butter auf Brot streichen, Kartoffeln schälen.
- Fingerspiele.
- Spielen mit Lehm, Sand, Wasser, Teig.
- Sich selber vor einem Spiegel malen.
- Zeichnen, malen, schneiden, kleben.
- Konstruktionsspiele.
- Puppenspiele (an- und ausziehen, füttern, waschen).
- Hand- und Fingerpuppen.
- Ballspiele.
- Mit Spielautos auf gezeichneten Linien fahren.

GESTALT-/HINTERGRUNDWAHRNEHMUNG

- Nachahmungsspiele.
- Gegenstände auf Bildern erkennen und benennen.
- Bestimmte Gegenständen im Raum suchen.
- Tannenzapfen, Steine oder Beeren sammeln.
- Seifenblasen machen und einfangen.
- Die eigenen Kleider in einem Kleiderhaufen wiederfinden.
- Vertraute Gegenstände auf einem gemusterten Teppich suchen (Wo ist der ...?).

FORMWAHRNEHMUNG

- Sortieren (nach Farben, Formen, Größe, Beschaffenheit).
- Sortieren einer Kiste mit verschiedenen Materialien (Perlen, Knöpfe etc.; die Gegenstände sollten sich zunächst deutlich voneinander abheben).
- In einer Schachtel sind viele runde und ein eckiger Knopf (oder andere Gegenstände); den eckigen Knopf heraussuchen.
- Sandkuchen ausmessen und sie vergleichen.

Sehsinn – visuelle Wahrnehmung

- Mit „logischen Blöcken" arbeiten (Mengenlehre).
- Puzzles.

RAUM- UND POSITIONSWAHRNEHMUNG
RÄUMLICHE BEZIEHUNGEN

- Gib- und Nimm-Spiele.
- Sich draußen frei bewegen.
- Beim Spaziergang auf Gegenstände aufmerksam machen (Siehst Du den ...?).
- Bewegungsspiele (z.B. Fangen, Verstecken).
- Kriechen, klettern, rennen.
- Höhlen aus Kartons, Planen usw. bauen.
- Verkleiden mit Kleidern, Hüten, Schmuck.
- Konstruktionsspiele mit Baumaterial.
- Hindernisrennen.
- Die eigenen Umrisse auf Packpapier oder Karton zeichnen.
- Zeichnen oder Mosaike legen nach Vorlagen.

VISUELLES ERINNERUNGSVERMÖGEN

- Sich von Kindern ihre Umgebung beschreiben lassen.
- Kimspiele (siehe Spieleliste).
- Memory-Spiele.
- „Wer ist unter der Kapuze?" (In einem Kreis sitzen und alle genau anschauen. Die Augen schließen und der Leiter zieht jemandem eine Kapuze mit Schlitzen für Augen, Nase und Mund über den Kopf. Die anderen müssen sich überlegen, wer das ist).
- Rosinenspiel (Umrisse eines Gesichts zeichnen. Rosinen für die Augen, die Nase, die Ohren und den Mund hinlegen. Eine der Rosinen wegnehmen und schnell raten lassen, was fehlt).
- Unterschiede zwischen Ähnlichem und Verschiedenem erraten.
- Kamera-Spiel. Die Kinder dürfen ein Bild für einen Augenlick ansehen – klick. An was erinnert ihr euch?
- Die Kinder erzählen, wie ihre Zimmer zuhause aussehen oder was es auf dem Weg zum Kindergarten zu sehen gibt.
- Kaufladen-Spiel: Einkaufen und sich erinnern, was man eingekauft hat oder überlegen, was fehlt.

Sehsinn – visuelle Wahrnehmung

Farbspiele

- Puzzles mit verschiedenen Farben legen.
- Bewegungsspiel: alle, die etwa gelbes (grünes, blaues....) anhaben, können einen Schritt weitergehen.
- Gegenstände im Raum suchen, die dieselbe Farbe haben.
- „Ich sehe was, was du nicht siehst!"
- Gegenstände mit denselben Farben zu einem „Stilleben" zusammenstellen.

Augenmuskeltraining

- Einem rollenden Ball mit dem Blick folgen.
- Einem Tischtennismatch zuschauen.
- Mit jemandem Tanzen und Augenkontakt halten.
- Stillstehen und mit den Augen einer anderen Person folgen, die sich bewegt.

Fixieren

- Mit einer Taschenlampe verschiedene Gegenstände anleuchten.
- Einer Wunderkerze beim Abbrennen zusehen.
- Im Raum herumgehen und dabei einen bestimmten Gegenstand nicht aus den Augen lassen.
- Nach einem Signal den Blick (ohne den Kopf zu bewegen) von einem Gegenstand zu einem anderen wandern lassen.

Akkomodation

Für Kinder mit der Schwierigkeit, die Augen an verschiedene Entfernungen anzupassen, kann es günstig sein, auf einer Staffelei zu etwas abzumalen, das weiter entfernt ist. Dies führt automatisch zu einem häufigen Wechsel der Entfernungen.

Andere Aktivitäten, die das Sehen üben

- Fische in einem Aquarium betrachten.
- Malen auf einen Spiegel.
- Winzige Gegenstände durch ein Vergrößerungsglas betrachten.
- Durch ein Mikroskop schauen.

Sehsinn – visuelle Wahrnehmung

- Schattenspiele.
- Puppenspiele (an- und ausziehen, füttern, waschen).
- Suchbilder mit versteckten Figuren betrachten.
- Gegenstände draußen suchen lassen (Tannenzapfen, runde Steine, Beeren, Blätter, usw.).
- Konstruktions- und Bauspiele.
- Luftballonspiele.
- Differix. Unterschiede von ähnlichen Bildern erkennen

Zur gezielten Förderung der visuellen Wahrnehmung können auch das spezielle Übungsmaterial von Frostig und Montessori oder Filzstücke in verschiedenen Farben und Formen, wie man sie für die Schulvorbereitung benutzt, eingesetzt werden.

Sehsinn – visuelle Wahrnehmung

ANREGUNGEN FÜR DIE DISKUSSION IM TEAM UND BEI ELTERNABENDEN

1. Welche Bilderbücher haben wir in unserer Einrichtung?
2. Welche Bilder zeigen wir den jüngsten Kindern?
3. Auf welche Art vermitteln wir visuelle Erfahrungen?
4. Überprüfen des vorhandenen Materials zur Anregung des Sehens.
5. Wie ist das Spielmaterial geordnet, wo wird es aufbewahrt? Sind die Kinder fähig, die Spielsachen zu unterscheiden, finden sie diejenigen, die sie suchen?
6. Kann ein Kind lernen, die Gegenstände nach seinen eigenen Vorstellungen zu sortieren und versteht es unser Ordnungssystem?
7. Haben wir zu viel oder zu wenig Raumdekoration und welche Funktion sollte Dekoration überhaupt haben?

Themen für Elternabende:

- Fernsehgewohnheiten,
- Vorbereitung aufs Lesen und Schreiben.

HÖRSINN
AUDITIVE WAHRNEHMUNG

Auditive Wahrnehmung setzt die Fähigkeit voraus, akustische Reize zu verarbeiten, zueinander in Beziehung zu setzen und mit vorausgegangenen Hörerfahrungen zusammenzubringen. Die auditive Wahrnehmung entwickelt sich langsam. Das Neugeborene nimmt akustische Reize auf, kann aber solange nichts mit ihnen anfangen, wie es deren Bedeutung nicht erfaßt. Um diese Eindrücke deuten zu können, muß sein zentrales Nervensystem weiter entwickelt sein. Die entscheidenden Prozesse für die auditive Wahrnehmung finden im Gehirn statt. Schon vor ihrer Geburt in der Endphase der Schwangerschaft erkennen Kinder Stimmen wieder. Mit speziellen Schnullern, die erlauben, die Intensität des Saugens zu messen, konnte nachgewiesen werden, daß Neugeborene die Stimme ihrer Mutter von anderen Stimmen unterscheiden können. Sobald sie die Stimme ihrer Mutter hören, saugen sie häufiger und heftiger am Schnuller.

Hörsinn – auditive Wahrnehmung

Wenn die Eltern ihrem noch nicht geborenen Kind bestimmte Lieder vorsingen, wird der Säugling positiv reagieren, wenn er sie später wieder hört. Töne, die vor der Geburt gehört wurden, können erinnert werden. Der Fötus hört Musik in einer Lautstärke, als wenn sie aus der Stereoanlage der Nachbarn käme. Trotz der gedämpften Laute nimmt er den Unterschied zwischen männlichen und weiblichen Stimmen wahr. Die Auffassung, ein Säugling könne erst viel später Stimmen unterscheiden, ist inzwischen widerlegt. Weil er verzögert auf das Hören reagiert – es dauert einige Sekunden, bis er seinen Kopf in die richtige Richtung dreht – hat man lange geglaubt, er könne bekannte nicht von unbekannten Geräuschen unterscheiden. Heute gibt es Gruppenabende für werdende Eltern, bei denen sie ihren ungeborenen Kindern gemeinsam etwas vorsingen. Diese Abende sind für die Entwicklung des Hörsinns ebenso förderlich wie für den Kontakt zwischen Eltern und Neugeborenen.

Das Neugeborene scheint dafür ausgestattet zu sein, sprachliche Signale wahrzunehmen. Er reagiert viel stärker auf Frequenzen im Bereich der menschlichen Stimme, läßt sich von Klängen auf einer niedrigen Frequenz trösten und dreht seinen Kopf in die Richtung tiefer Töne. Wenn Erwachsene mit Säuglingen reden, passen sie ihre Stimme automatisch an und sprechen leiser und mit gesenkter Stimme. Von Geburt an bestehen natürliche Kommunikationskanäle zwischen Kind und Erwachsenem.

Die Entwicklung des Sprechens hängt sehr stark vom Hören ab. Das Kind kann zunächst nicht direkt hören, ob es etwas korrekt ausgesprochen hat, sondern „macht" seine eigenen Wörter. Allmählich „hört" das Kind, wenn Erwachsene richtig oder falsch sprechen, seine eigenen Fehler allerdings hört es nach wie vor nicht, weil seine auditive Wahrnehmung noch nicht reif genug ist. Es ist daher nicht sinnvoll, das Kind in diesem Stadium zu verbessern. Am besten ist es, einen Satz nochmals korrekt zu wiederholen, also passiv zu korrigieren, bis das Kind selbst hört, wie es sein sollte.

Hörsinn – auditive Wahrnehmung

Phasen der auditiven Wahrnehmung

Auditives Bewußtsein

Auditives Bewußtsein bedeutet zu hören, woher Geräusche kommen und ihre Lautstärke und Tonhöhe zu erfassen. Das Kind übt seine auditive Konzentrationsfähigkeit, indem es viele Geräusche hört und sie lokalisiert. Eine gute Übung ist es beispielsweise, mit verbundenen Augen andere Kinder zu finden, wenn diese ihre Namen aus verschiedenen Richtungen rufen, oder nach versteckten Tonquellen, z.B. einer Spieluhr, zu suchen.

Auditive Unterscheidung

ist die Fähigkeit, Geräusche, Laute, Wörter und Sätze richtig zu erfassen. Kinder verwechseln oft ähnliche Töne – was ganz normal ist, wenn sie klein sind. Ein älteres Kind, das Schwierigkeiten hat im Unterscheiden von Tönen, kann Sprachprobleme bekommen, insbesondere Probleme mit seiner Aussprache. Das Kind braucht dazu viel Übung. Der spielerische Einsatz eines Kassettenrecorders kann bei der Arbeit mit älteren Kindern sehr hilfreich sein: Ein Erwachsener sagt ein Wort oder einen Satz, das Kind wiederholt sofort, die Kassette wird zurückgespult, und beide hören, wie es beim einen und wie beim anderen klingt.

Auditives Gedächtnis

Für das Lernen ist kaum etwas wichtiger, als die Fähigkeit, sich zu erinnern, was gesagt worden ist. Es sollte deshalb überprüft werden, ob ein Kind eine Geschichte oder eine Bitte nacherzählen oder wiedergeben kann. Als Übung sollten Geschichten, Reime oder Verse vorgelesen werden, welche die Kinder wiederholen können.
Probleme wird es geben, wenn das auditive Erinnerungsvermögen bis zum Schulbeginn nicht ausreichend entwickelt ist. Das Kind wird sich nicht an Anweisungen erinnern, es wird Aufgaben nur unzureichend verstehen und sich nur schwer konzentrieren können. Um gesprochene Aufforderungen verstehen und erinnern zu können, muß eine bestimmte neurologische Entwicklungsstufe erreicht sein. Am einfachsten wird diese Fähigkeit geübt, wenn gleichzeitig andere Sinne wie das Sehen, der Tastsinn und der kinästhetische Sinn einbezogen werden.

Hörsinn – auditive Wahrnehmung

Kinder, die kein „S" sprechen können, sollten besonders gut beobachtet werden. Dieser Laut hat eine höheren Frequenz und ist oft der erste, der bei einer Hörbehinderung ausbleibt.

Ein anderes Zeichen dafür, daß ein Kind schlecht hört, können unbeholfene und unsichere Bewegungen sein. Motorische Unsicherheit kann darauf zurückzuführen sein, daß ein Kind von ihm selbst verursachte Geräusche nicht wahrnimmt, z.B. seine eigenen Schritte nicht hört.

Wenn der Verdacht sich verstärkt, daß ein Kind nicht gut hört, sollte ein Arzt aufgesucht und ein Audiogramm, ein Hörprofil, erstellt werden kann. Ein Kind mit verminderter Hörfähigkeit wird aller Wahrscheinlichkeit nach große Probleme mit dem Sprechen haben.

Es soll ganz ausdrücklich betont werden, daß im Falle eines Zweifels über die Hörfähigkeit eines Kindes auf keinen Fall die Devise „warten und sehen" gelten sollte. Viel zu viele Kinder kämpfen während der ersten Schuljahre mit Sprachproblemen, die nur aus dem Grund bestehen, weil ihre verminderte Hörfähigkeit nicht früh genug entdeckt wurde.

GRÜNDE FÜR EINE VERMINDERTE HÖRFÄHIGKEIT

- Organische Ursachen.

- Entwicklungsverzögerung. In diesem Fall ist es wichtig, Übungen dem tatsächlichen Entwicklungsstand eines Kindes anzupassen.

- Störungen im emotionalen Bereich, z.B. zu wenig Aufmerksamkeit oder fehlende menschliche Kontakte.

- Zeitlich begrenzte Beeinträchtigungen, z.B durch Ohrentzündungen, Erkältungen oder ein verstopftes Ohr.

- Verzögertes Sprachverständnis. Das Kind verfügt nur über einen geringen Wortschatz und begreift nicht, was man ihm sagt.

Hören sollte nicht nur gelegentlich geübt werden. Das Kind braucht viele Gelegenheiten, um

- Geräusche zu erzeugen;

- sich zu Tönen zu bewegen;

Hörsinn – auditive Wahrnehmung

- sich nach Geräuschen umzuschauen und Tonquellen zu suchen;
- Tonnuancen zu hören;
- konzentriert zuzuhören;
- sich an Geräusche und Töne zu erinnern;
- Tönen nachzugehen;
- verschiedene Geräusche und Töne zu unterscheiden;
- Geräusche und Töne assoziieren zu können.

Ein Kind mit vermindertem Hörvermögen kann dem, was gesagt wird, nur schlecht folgen und verliert dadurch leicht sein Selbstvertrauen. In der Schule sollten die Lehrer helfen, indem sie

- in einfachen Worten sprechen;
- viele Hörübungen machen;
- einfache Fragen stellen, die leicht zu beantworten sind;
- eindeutige Anweisungen geben, z.B. „warte", „hör zu, „fang an";
- dem Kind ausreichend Zeit für die Antwort lassen;
- nicht zuviele Aufgaben auf einmal stellen;
- mit dem Kind die Bedeutung der Wörter wie, wer, was, wo, warum üben – Wörter, die das Kind leicht durcheinanderbringt.

DIE ENTWICKLUNG DES HÖRENS

Die Zeitangaben sind grobe Orientierungen für den Entwicklungsstand der Kinder.

0 – 1 Monat
Der Säugling reagiert auf plötzliches Händeklatschen.
Er reagiert mit etwas Verzögerung auf Töne.
Er erkennt die Stimme der Mutter wieder.

3 – 4 Monate
Der Säugling reagiert auf das Ticken einer Uhr, die ca. 20 cm von seinem Ohr entfernt hingehalten wird.
Er reagiert positiv auf leise Musik.
Er mag keinen lauten Lärm und beginnt zu schreien.
Er versteht die Art und Weise, in der Erwachsene mit ihm reden, z.B. lächelt er, wenn jemand freundlich spricht, und wird traurig, wenn der Ton des Erwachsenen ärgerlich klingt.

5 – 6 Monate
Das Baby hört Gesprächen zu.
Es „spricht" mit den Eltern.

8 – 9 Monate
Das Baby versteht einzelne Wörter.
Es liebt es, Töne zu produzieren.
Es dreht seinen Kopf in Richtung der Person, die ruft.

1 Jahr
Das Baby versteht „wo ist ...?"
Es gehorcht einfachen Bitten.
Es kann kurze Zeit zuhören.

Hörsinn – auditive Wahrnehmung

1 1/2 Jahre
Das Kind hört zu und reagiert, wenn es seinen Namen hört.
Es versteht, daß Menschen und Gegenstände Namen haben.
Es kann Töne schnell lokalisieren.
Es gehorcht Aufforderungen „hol dein ....".

2 Jahre
Es lauscht Tönen aus einem anderen Raum und versteht sie.
Es wiederholt oft Wörter, die es hört, insbesondere das letzte Wort eines Satzes.
Es kennt die Namen von ungefähr acht bis zehn Gegenständen.

2 1/2 Jahre
Das Kind freut sich an einfachen Geschichten und versteht sie.
Es folgt Aufforderungen wie „gehe in den Hof und hole einen Stein".

3 Jahre
Es versteht, wenn jemand vorliest und Bilder in einem Buch zeigt.
Es freut sich über Reime und Lieder.

4 Jahre
Das Kind kann drei verschiedene Aufgaben nacheinander ausführen, z.B. „ziehe deine Schuhe an, gehe raus in den Hof und schließe die Türe".
Es merkt sich und wiederholt einfache, kurze Sätze von vier bis sechs Wörtern.

5 Jahre
Es spricht über zurückliegende Ereignisse.
Es erinnert und wiederholt einen Satz von ungefähr acht Wörtern.

Hörsinn – auditive Wahrnehmung

6 Jahre
Es wiederholt eine kurze Geschichte, unmittelbar nachdem es sie gehört hat und gibt Details wieder.
Es spricht einen Satz von etwa zehn Wörtern nach.
Es nimmt eine telefonische Nachricht entgegen und gibt sie weiter.

7 Jahre
Das Kind kann sich vier verschiedene Aufgaben merken und nacheinander ausführen.
Es wiederholt einen Satz, der ungefähr elf Wörter enthält.
Es kennt seinen Geburtstag.
Es kann drei verschiedene Töne unterscheiden.

WIE DAS HÖREN GEFÖRDERT WERDEN KANN

AUDITIVE KONZENTRATION

- Üben, nahe und entfernte Geräusche zu unterscheiden.
- Die Kinder schließen die Augen, jemand läßt einen Ball auf den Boden fallen. Die Kinder sagen, wie oft der Ball aufgeschlagen hat.
- „Stille Post": Die Kinder sitzen im Kreis. Ein Kind beginnt und flüstert ein Wort in das Ohr seines Nachbarns, dieser gibt das Wort flüsternd an den nächsten weiter, bis das Wort wieder zum ersten zurückkommt. Hören, was aus dem Wort geworden ist.
- „Bin ich an der Reihe?": Die Kinder sitzen mit verbundenen Augen im Kreis auf dem Boden. Der Spielleiter flüstert nun ganz vorsichtig den Namen eines Kindes (später von zwei Kindern). Das gerufene Kind steht auf und geht leise in Richtung des Spielleiters.
- Mit dem Schleuderrohr einen Flüsterkreis bilden.
- Einen anderen Körper abhören (Herz, Atmung, Bauch); dazu eventuell ein Stethoskop benutzen. Auf den Arm, das Bein, die Wange und den Kopf klopfen und hören, wie das klingt.
- „Richtung zeigen" und „Richtung gehen": Die Kinder stehen in einer Reihe, haben die Augen verbunden oder geschlossen. Der Spielleiter bewegt sich leise durch den Raum und produziert einen Ton. Alle sollen in die entsprechende Richtung zeigen oder vorsichtig und langsam in die Richtung gehen.
- „Der Plumpsack geht um."
- Herumrennen, während Musik läuft, und sobald sie aufhört, stehenbleiben und eine Aufforderung (z.B. rennt zur Türe, zieht die Schuhe aus) befolgen.
- Töne lokalisieren und Tonquellen (z.B. einen versteckten Wecker) suchen.
- Mehrere Sorten Papier in Stücke reißen. Die Kinder schließen die Augen, hören zu und erraten, welches Papier es war: Papiertaschentücher, Zeitungspapier, Zeichenpapier usw.
- Die Kinder liegen Kopf an Kopf im Kreis. Papierbälle verschiedener Größe auf den Boden fallen lassen und zuhören.

Hörsinn – auditive Wahrnehmung

- „Tu dies – tu jenes" (siehe Spieleliste).
- „Reise nach Jerusalem" (siehe Spieleliste).
- Die Kinder schließen die Augen, jemand läßt einen Ball fallen. Die Kinder sagen, wie oft der Ball aufgeschlagen hat.

AUDITIVE UNTERSCHEIDUNG

- Nachahmen von Rhythmen.
- Den Namen eines Kindes klopfen oder trommeln, am besten täglich.
- Einen Gegenstand fallen lassen, die Kinder mit geschlossenen Augen erraten lassen, welcher Gegenstand das war, wie er aussieht und woraus er besteht.
- Unterschiedliche Materialien (z.B. Bohnen, Reis, Glasperlen, Sand, Kieselsteine) in kleine Dosen (z.B. Filmdöschen) füllen. Den Kindern den Inhalt der Dosen zeigen und die entsprechenden Geräusche vorführen. Danach abwechselnd die Dosen schütteln und den Inhalt erraten (Variante: Von den Dosen eine wegnehmen und raten lassen, was in der fehlenden Dose ist). Gegenstände in verschiedene Schachteln legen. Die Kinder die Schachteln schütteln und erraten lassen, was in ihnen ist.
- Auf Töne horchen und sie unterscheiden
  (z.B. weich und hart durch Schwamm und Stein;
  rauh und glatt durch Schmirgelpapier und Papier;
  leicht und schwer durch Tischtennisball und Stein;
  laut und leise durch Triangel und Trommel).
- Hören, ob etwas glücklich, ärgerlich oder ängstlich klingt.
- Die Kinder in Paare aufteilen, die verschiedene Tiere darstellen und die entsprechenden Geräusche machen. Die Kinder schließen die Augen, bewegen sich im Raum und suchen das Kind, welches die gleichen Geräusche macht.
- Unterscheiden, welcher Ton sich aus der Nähe und welcher sich aus größerer Entfernung kommt.
- Eine Geschichte hören und rufen, wenn ein vorher festgelegtes Wort vorkommt.

Hörsinn – auditive Wahrnehmung

- Alle Kinder halten Bauklötzchen in den Händen. Wenn ein vorher bestimmter, hoher Ton zu hören ist, strecken sie die Klötzchen nach oben und bei einem ebenfalls vereinbarten tiefen Ton halten sie die Klötzchen nach unten.
- Die Stimme der Kinder auf Kassette aufnehmen, anhören und raten, wer spricht.
- Verschiedene Töne auf Kassette aufnehmen, anhören und sagen, was es ist.
- Hörspiele produzieren.

AUDITIVES ERINNERUNGSVERMÖGEN

- Kaufladen spielen: Eine Einkaufsliste zusammenstellen, einkaufen und sich erinnern, was alles gekauft worden ist.
- Die Kinder stellen sich gegenseitig Aufgaben, die sie sofort zu erledigen haben.
- Eine kurze Geschichte vorlesen und nacherzählen lassen.
- Die Kinder erzählen lassen, was sie alles am Wochende erlebt haben.
- Die Kinder fragen, was sie im Fernsehen gesehen haben.
- Lieder singen.
- Reime und Verse vorlesen.
- Geräuschkassetten anhören und die Geräusche zuordnen.

ANDERE AUDITIVE SPIELE

- Mit dem eigenen Körper Geräusche und Töne produzieren (mit Händen, Füßen, mit der Stimme) und variieren (laut – leise, langsam – schnell, hoch – tief usw.).
- Sich zu Musik bewegen.
- Reime aufsagen und Wörter ergänzen, die fehlen.
- Kindern in der Gruppe, die andere Sprachen sprechen, zuhören; versuchen, die verschiedenen Sprachen zu unterscheiden und sie nachzusprechen.

Hörsinn – auditive Wahrnehmung

Übungsprogramm zur Förderung des Hörsinns

Für Kinder, die ernsthafte Schwierigkeiten haben, Gehörtes zu erfassen, kann ein gezieltes Übungsprogramm hilfreich sein. Dazu sollte eine kleine Gruppe von nicht mehr als drei bis fünf Kindern mit ähnlichen Schwierigkeiten zusammengestellt und die Übungen über einen Zeitraum von zwei Wochen täglich wiederholt werden. Neben der Erzieherin, welche die Kinder anleitet, sollte eine zweite erwachsene Person teilnehmen, die beobachten und notieren kann, was geschieht.

Nachfolgend ein paar Beispiele für solche Übungen:

- Drei verschiedene Töne anhören, unterscheiden zwischen dem tiefsten und dem höchsten Ton.
- Hören, ob eine Trommel einmal, zweimal oder dreimal geschlagen wird.
- Ein Puzzle auf den Boden legen. Die Kinder sitzen im Kreis und der Name des Kindes, welches das nächste Stück legen darf, wird geflüstert.
- Verschiedene Gegenstände auf den Boden legen. Den Namen eines Kindes sowie eines Gegenstandes flüstern, den es holen soll.
- Verschiedene Gegenstände auf den Boden legen. Ein Kind flüsternd bitten, mehrere Gegenstände gleichzeitig zu holen.
- Verschiedene Gegenstände und eine Puppe auf den Boden legen. Ein Kind auffordern: „Gib der Puppe einen Löffel" oder „Gib der Puppe einen Becher."
- Verschiedene Gegenstände und eine Puppe und einen Teddybär auf den Boden legen. Ein Kind bitten, es soll einen Gegenstand der Puppe und einen anderen dem Teddybär geben („Gib der Puppe den Löffel und dem Teddybär einen Becher").

Die Übungen müssen nach den Hörfähigkeiten der Kinder ausgewählt werden. Sie sollen ihrem Entwicklungsstand entsprechen und von ihnen bewältigt werden können. Wichtig ist, daß für die Übungen täglich ungefähr zehn bis zwanzig Minuten (je nach Konzentration) vorgesehen werden. Wenn die Kinder beginnen, die Übungen wiederzuerkennen, werden sie Erfolge erleben und ihre Konzentration wächst. Die Gegenstände, die

Hörsinn – auditive Wahrnehmung

in den Übungen verwendet werden, sollten so ausgewählt werden, daß die Kinder ihre Bezeichnungen kennen, z.B. „Lege die gelbe Murmel in die gelbe Dose!" oder „Lege den runden Klotz in die Schachtel." Nach zwei Wochen sollte eine Pause von einer oder zwei Wochen anschließen, danach mit etwas schwierigeren „Zuhör- und Hörübungen" weitergemacht werden.

Hörsinn – auditive Wahrnehmung

ANREGUNGEN FÜR DIE DISKUSSION IM TEAM UND BEI ELTERNABENDEN

1. Wie können wir die auditiven Fähigkeiten bei den kleinsten Kindern fördern? Welche Spiele spielen wir normalerweise?
2. Welche Möglichkeiten zur Förderung des Hörsinns können wir in unsere alltäglichen Aktivitäten aufnehmen?
3. Welche Kinder sind oft erkältet und welche hatten schon Ohrentzündungen? Welches Kind hatte vorübergehend ein vermindertes Hörvermögen?
4. Welches der fünfjährigen Kindern benötigt zusätzliche Unterstützung, um später den Anforderungen in der Schule gewachsen zu sein?
5. Sich von einem Arzt oder im Gesundheitsamt zeigen lassen, wie Hörtests funktionieren.
6. Ein Förderprogramm für Kinder mit Hörproblemen erstellen.

Themen für den Elternabend:

- Wie können Eltern die Fähigkeit ihrer Kinder zum Zuhören unterstützen? Welche Wirkung hat dies auf den schulischen Erfolg?
- Wie beeinflußen das Fernsehen und Videofilme das Zuhör- und Konzentrationsvermögen der Kinder?

Die Sprech- und Sprachentwicklung

Die Entwicklung der Sprache beginnt vor der Geburt. Forschungen bei Säuglingen haben ergeben, daß ein sechs Monate alter Fötus fähig ist, zu hören und Lärm von außerhalb des Mutterleibes wahrzunehmen. Er hört die Stimmen nur gedämpft, kann aber eindeutig weibliche und männliche Stimmen unterscheiden. Der neugeborene Säugling erkennt die Stimme seiner Mutter. In anderen Studien wurde festgestellt, daß Säuglinge ihre Muttersprache wiedererkennen und fähig sind, verschiedene Sprachen zu unterscheiden.
Der französische Linguist Jacques Mehler, der am Institut für Psychologie und Psycholinguistik in Paris lehrt, hat weitere Forschungsarbeiten vorgelegt, die diese Thesen unterstützen. Er verwendete einen speziell konstruierten Schnuller, der die Intensität und Häufigkeit des Saugens aufzeichnen konnte. Die Versuche wurden mit vier Tage alten Säuglingen,

Die Sprech- und Sprachentwicklung

Kindern französisch sprechender Mütter, durchgeführt. Eine Person, die fließend Russisch und Französisch spricht, las eine Geschichte in beiden Sprachen auf ein Tonband, das den Säuglingen später vorgespielt wurde. Als sie die französische Fassung hörten, saugten sie enthusiastisch, während die russische Version keinerlei Reaktionen auslöste. Um ausschließen zu können, daß französisch eventuell eine „säuglingsfreundlichere" Sprache sei, wurde das Experiment auch mit Säuglingen durchgeführt, deren Eltern weder Französisch noch Russisch sprachen. Keine der beiden Sprachen löste ein stärkeres Saugen aus.

Noam Chomsky, ein amerikanischer Linguist und Sprachforscher, geht davon aus, daß wir mit einem fertigen Sprachapparat auf die Welt kommen, dessen Mechanismen vererbt werden und der nur „Eingaben" und eine förderliche Umgebung braucht, um sich zu entwickeln.

Der neugeborene Säugling möchte kommunizieren und tut dies zunächst mittels nichtverbaler Botschaften. Ärger oder Unbehagen teilt er durch Schreien, Grimassen und Anspannen des Körpers mit, Vergnügen durch glucksende Töne, Plappern und Augenkontakt. Die Entwicklung von Sprache und Kommunikation beginnt, lange bevor das erste Wort gesprochen wird. Heute ist man überzeugt, daß ein Säugling von Beginn an in der Lage ist, den Gesichtsausdruck seiner Mutter zu deuten und sogar darauf zu antworten. Nur 36 Stunden nach der Geburt kann er glückliche, traurige und überraschte Gesichtsausdrücke unterscheiden und sie nachahmen. Ein zwei Tage altes Kind ist fähig, mit einem Erwachsenen in Kontakt zu treten. Wenn dieser den Mund spitzt, öffnet und die Zunge herausstreckt, kann er den neugeborenen Säugling dazu bringen, dies ebenfalls zu tun.

Neuere Studien zeigen, daß die Fähigkeiten von Säuglingen weit größer sind als früher angenommen. Ein Säugling ist ein kompetentes Wesen, das auf soziale Interaktion aus ist. Zwei amerikanische Forscher haben 16 schwangere Frauen während den letzten 6 1/2 Wochen der Schwangerschaft täglich zweimal aus einem Kinderbuch laut vorlesen lassen. Als die Babys geboren waren, hatten sie die Geschichte insgesamt schon fünf Stunden lang gehört. Die einen Tag alten Säuglinge wurden mit Kopfhörern und einem Spezialschnuller ausgerüstet, der wiederum das Saugen registrierte. Durch Art und Weise des Saugens konnte sie wählen, ob sie die Geschichte, die ihnen ihre Mutter während der Schwangerschaft vorgelesen hatte oder eine andere mit anderen Versen hören wollten. Beide Geschichten wurden mit der Stimme der Mutter aufgenommen. Die

Die Sprech- und Sprachentwicklung

Säuglinge bevorzugten eindeutig die Geschichte, die sie bereits im Mutterleib gehört hatten.
Während der ersten Zeit seines Lebens ist ein Baby unfähig, sprachliche Botschaften zu formulieren. Die Struktur und viele Charakteristika der Muttersprache sind allerdings im Gehirn bereits gespeichert, lange bevor es das erste Wort spricht. Es muß lernen, die verschiedenen Laute dieser Sprache zu unterscheiden, und auch hier haben Forscher versucht zu bestimmen, ab welchem Zeitpunkt Babys dazu fähig sind. Experimente ergaben, daß vier Wochen alte Säuglinge bereits in der Lage sind, die Laute b und p zu unterscheiden.
Die sprachliche Kommunikation zwischen Erwachsenem und Kind beginnt, wenn der Erwachsene mit dem Säugling redet und versucht, dessen Bedürfnisse zu verstehen. Das geschieht überwiegend unbewußt auf der Ebene von Gesten, Mimik, Lächeln und einer sanften Stimme. Dieses erste Lächeln und die Nachahmungsversuche des Kindes bilden die Grundlage für seinen Wunsch, selbst zu sprechen.

Wenn Erwachsene mit Kindern sprechen,

- verändern sie für gewöhnlich ihre Stimmhöhe;
- artikulieren sie klar und langsam;
- sprechen sie in kurzen Sätzen;
- wiederholen sie, was sie gesagt haben;
- verwenden sie besondere Begriffe;
- kommentieren sie die Aktivitäten des Kindes („Ah, jetzt nimmst Du eine Banane. Willst Du sie in den Mund stecken?").

Faktoren, die die Sprachentwicklung von Kindern beeinflussen

- Die Fähigkeit und der Wille des Kindes, Kontakt aufzunehmen.
- Die Bereitschaft der Erwachsenen, auf das Kind einzugehen und seine Kontaktaufnahmen zu beantworten.
- Die Entwicklung der Sinne (hören, sehen, fühlen, schmecken).
- Erinnerungen aus der Zeit vor der Geburt.
- Der enge Kontakt mit einer erwachsenen Person.

Die Sprech- und Sprachentwicklung

UNTERSTÜTZUNG FÜR KINDER MIT VERZÖGERTER SPRACHENTWICKLUNG

- Immer einen offenen Dialog mit dem Kind führen.
- Tätigkeiten mit Worten begleiten.
- Klar sprechen, so als ob Sie mit einem jüngeren Kind sprechen würden („Gut, baust Du mit Bauklötzchen?").
- Das Kind bei Sprachspielen unterstützen.
- Dem Kind helfen, sich in die Gruppe einzubringen.

Kleinkinder verfügen noch nicht über eine „innere Sprache". Deshalb „denken sie laut", wenn sie ein Problem zu lösen versuchen. Die Entwicklung der inneren Sprache hängt mit der allgemeinen Sprachentwicklung zusammen. Erwachsene sollten daher drei- bis sechsjährige Kinder niemals daran hindern, laut zu sprechen, wenn diese geschäftig in ein Spiel versunken sind. Wenn das Kind in der Schule Lesen lernt, redet es so lange laut, bis es die Technik des Lesens beherrscht.

WICHTIGE REFLEXE FÜR DIE SPRACHENTWICKLUNG

Suchreflex

Der neugeborene Säugling sucht die Brustwarze, um zu trinken. Wenn jemand seine Wangen oder Lippen berührt, wird der Reflex ausgelöst, und er dreht seinen Kopf auf die Seite, auf der er berührt wurde.

Saugreflex

Sobald der Säugling die Brustwarze im Mund hat, beginnt er zu saugen.

Schluckreflex

Er wird ausgelöst, sobald Milch den hinteren Teil seiner Zunge und den Gaumen berührt. Es ist überaus wichtig und in den Geburtskliniken wird deshalb besonders darauf geachtet, daß das Baby sofort beginnt zu saugen.

Eine normale Entwicklung des Saugens, Schluckens und der Beißbewegungen sind später sehr wichtig für die Aussprache des Kindes. Such- und Saugreflex sind angeboren und verschwinden, sobald das Kind mit dem Löffel ißt, abgestillt wird und kein Fläschchen mehr bekommt.

Die Sprech- und Sprachentwicklung

VORAUSSETZUNGEN FÜR EINE GUTE SPRACHENTWICKLUNG

- Gute Entwicklung der Sprechmuskulatur: Die Mundmotorik mancher Kinder ist unterentwickelt oder zu wenig trainiert. Ein Grund dafür kann die Gewohnheit des Kindes sein, mit einem Schnuller im halboffenen Mund zu schlafen. Das Kind bildet die Laute im hinteren Teil des Mundes, während der Schnuller locker im vorderen Teil des Mundes liegt. Die Mundmuskulatur kann durch Saugen, Pusten und Nachahmungsspiele geübt werden.
- Gute Hörfähigkeit: Kinder ahmen ihre eigenen Töne nach. Alle Kinder, auch taube plappern. Sie hören damit auf, wenn sie keine Rückmeldung bekommen und ihre Töne selbst nicht hören können. Sprache wird insbesondere durch Unterscheiden und Nachahmen gelernt. Hören zu können, ist deshalb die Voraussetzung für die Entwicklung des Sprechens.
- Gute auditive Wahrnehmung: Das Kind braucht eine gute auditive Wahrnehmung, um verschiedene Töne unterscheiden zu können (s. das Kapitel über auditive Wahrnehmung).
- Feedback: Um sprechen zu lernen, muß ein Kind sein eigenes Plappern hören können und Rückmeldungen von Erwachsenen erhalten.
- Stimulierende Umgebung.

Beobachtet werden sollten Kinder, die

- unabhängig von ihrem Alter immer still sind;
- Angst vor dem Sprechen haben;
- mit einem Jahr laufen können, aber nicht sprechen;
- nicht Sätze mit so vielen Wörtern bilden können, wie sie Jahre alt sind,
- mit drei Jahren noch so unartikuliert sprechen, daß Erwachsene sie nur mühsam verstehen;
- im Alter von fünf bis sechs Jahren noch Schwierigkeiten mit der Grammatik haben;
- in einer Umgebung leben, in der eine andere Sprache als ihre Muttersprache gesprochen wird;
- Eltern haben, die sich Sorgen über die Sprachentwicklung ihres Kindes machen.

Die Sprech- und Sprachentwicklung

Kinder entwickeln ihre Sprache bis zum siebten Lebensjahr und brauchen dazu jede mögliche Unterstützung. Wenn Material, Zeit, Raum oder Kenntnisse fehlen oder ein Kind besonders schwere Sprachprobleme hat, sollten Sprachtherapeuten und Fachärzte hinzugezogen werden.

Die Sprech- und Sprachentwicklung

DIE ENTWICKLUNG DER SPRACHE

Die Zeitangaben sind grobe Orientierungen für den Entwicklungsstand der Kinder.

Geburt
Der Säugling schreit. Alle Kinder in allen Ländern schreien diesen ersten Schrei, der die Töne aller Sprachen dieser Welt beinhaltet.
Er erkennt die Sprache, die in seiner Umgebung gesprochen wird.

0 – 1 Monat
Suchreflex: Das Baby sucht die Brustwarze seiner Mutter, wenn seine Lippen oder Wangen berührt werden.
Saugreflex: Es saugt, wenn es die Brustwarze oder das Fläschchen in den Mund bekommt.
Schluckreflex: Es schluckt automatisch.
Es macht alle möglichen Laute.

1 Monat
Das Baby zeigt seine Gefühle durch die Art und Weise, in der es schreit.

2 – 3 Monate
Es beginnt zu plappern.

3 – 4 Monate
Es saugt an allem.
Es bekommt die Brustwarze gut zwischen die Lippen.
Es kann mit einem Löffel gefüttert werden.
Es lächelt andere Menschen an.
Es gluckst, wenn es lacht.
Es spielt mit verschiedenen Lauten, z.B. awa, rrr, a-h, e-h.

Die Sprech- und Sprachentwicklung

4 Monate
Es lacht, plappert und spielt mit Lauten.

5 – 6 Monate
Der Saugreflex verschwindet.
Das Baby trinkt mit Unterstützung aus einem Becher.
Es beißt auf alles, was es in den Mund bekommt.
Es liegt und plappert vor sich hin.
Es wiederholt seine eigenen Laute.
Es veändert Lautstärke und Höhe seiner Laute.
Es drückt Stimmungen aus.

6 Monate
Der Säugling macht unterschiedliche Töne.
Er kann alle Laute artikulieren, die in den verschiedenen Sprachen der Welt vorkommen.
Nach ein paar Monten verschwinden die Töne, die in der Muttersprache nicht vorkommen.

7 Monate
Das Kind wird sich seiner eigenen Laute bewußt.
Es bildet Konsonant-Vokal-Ketten ba-ba-ba, da-da-da, pa-pa-pa.

8 – 9 Monate
Das Kind übt viel mit Tönen, z.B. da-da-da, ma-ma-ma, ya-ya-ya.

9 Monate
Es ahmt alle Töne nach, die es hört.

10 Monate
Es plappert über längere Zeit.
Es sagt gelegentlich ein Wort.
Es beginnt Wörter zu verstehen.

Die Sprech- und Sprachentwicklung

1 Jahr
Das Kind sagt einzelne Wörter und meint einen ganzen Satz.
„Mama" könnte bedeuten „Mama, ich möchte etwas essen."

1 1/2 Jahre
Es ist sehr aktiv und lernt laufen.
Die Sprachentwicklung in dieser Zeit verlangsamt sich, das Kind hat eine stillere Phase.

2 Jahre
Das Kind bildet Zwei-Wort-Sätzen („Guck Lampe").
Es hört zu, ahmt nach.

3 Jahre
Das Kind spricht in Drei- bis Vier-Wort-Sätzen.
Es verfügt bereits über einen großen passiven Wortschatz.

Der größte Zuwachs im Vokabular findet zwischen 2 1/2 und 3 Jahren statt.
Manchmal beginnen Kinder in diesem Alter zu stottern, weil ihr rasch angewachsener Wortschatz ihnen zu wenig Zeit zum Nachdenken gibt. Diese Phase ist zeitlich beschränkt, und diese Kinder stottern nicht dauerhaft. Man sollte ihnen viel Ruhe und Zeit zum Nachdenken lassen und sie nicht auf ihr Stottern aufmerksam machen.

4 Jahre
Es beherrscht die Sprache gut.
Es beginnt die Grammatik richtig zu benützen.
Es ist sehr gesprächig.
Es liebt Reime und aneinandergereihte Wörter.
Es spielt mit Wörtern und setzt neue zusammen.
Es kann Töne geben, deren Aussprache dem Kind Schwierigkeiten bereiten, z.B. r, th,w, h.

Die Sprech- und Sprachentwicklung

5 Jahre
Das Kind bildet Vier- und Fünf-Wort-Sätze.
Es spricht, während es spielt.

6 Jahre
Das Kind bildet lange und komplizierte Sätze.
Es interessiert sich für Lesen und Schreiben.

Die Sprech- und Sprachentwicklung

Die Entwicklung des Sprechens und der Sprache sind komplizierte Prozesse, die individuell sehr verschieden ablaufen und bei denen unterschiedliche Verzögerungen und Abweichungen vorkommen können. Probleme in der Sprachentwicklung können organische, psychische oder soziale Gründe haben. Obwohl einige Entwicklungsverzögerungen eine längerfristige Behandlung erfordern, können die meisten Störungen durch eine gezielte pädagogische Förderung im Kindergarten vor Beginn des Schulalters behoben werden. Um die Kinder frühzeitig zu unterstützen, kann es sinnvoll sein, heilpädagogische oder logopädische Fachkräfte hinzuzuziehen, die auch den Erzieherinnen in den Kindertagesstätten mit Diagnose, Analyse und praktischen Vorschlägen zur Seite stehen und den Eltern zeigen können, wie sie ihre Kinder motivieren können.

Das Schlimmste, was einem Kind mit verzögerter Sprach- und Sprechfähigkeit geschehen kann, sind Erwachsene, die sagen „abwarten und weitersehen". Die meisten Kinder können mit einer entwicklungsgemäßen Unterstützung vor Schulbeginn „aufholen", was ihnen fehlt. Geschieht dagegen nichts, werden die Schwierigkeiten in der Schule nur noch größer.

HÄUFIGE SPRECHSTÖRUNGEN

Verzögerte Sprechentwicklung

Sie hängt oft mit einer verspäteten oder unterentwickelten auditiven Wahrnehmung zusammen. Ein anderer Grund kann eine verminderte Hörfähigkeit sein, eine Gehirnschädigung oder einfach nur mangelnde Motivation. Diese Kinder brauchen eine „Überdosis" sprachlicher Stimulierung.

Der S-Defekt (Lispeln)

Die Gründe können sein:
- falsche Position der Zähne;.
- verminderte Bewegungsfähigkeit der Zunge;
- zu kurzes Zungenband;
- ein Nachahmungsfehler, das Kind kann das gelispelte „S" als korrekt verstanden haben.

Die Sprech- und Sprachentwicklung

Wenn das Kind den Unterschied zwischen einem richtigen und einem falschen S nicht versteht, sollte seine Hörfähigkeit überprüft werden. Der S-Laut ist der erste Laut, der verschwindet, wenn die Hörfähigkeit nachläßt.

Kinder, die oft Daumen lutschen und einen „offenen Biß" bekommen, lispeln. In solchen Fällen sollte frühzeitig durch spielerische Übungen wie z.b. Mundgymnastik, Zungenbrecherverse, Saug- und Blasespiele die korrekte Lautbildung gefördert werden.

Der R-Defekt

Der R-Laut ist einer der schwierigsten Laute für Kinder. Sie ersetzen ihn oft mit einem anderen Laut, z.B. J, L oder V. Kleinkinder bilden den R-Laut mit der Zungenspitze zwischen ihren Zähnen oder überhaupt nicht. Er kann mit Lalla-Übungen trainiert werden (L hat dieselbe Artikulationsposition wie R).

Andere problematische Laute

Kinder finden es oft schwierig, P und B, T und D sowie F und V zu unterscheiden. Da sich diese Laute erst bei genauem Zuhören unterscheiden lassen, haben Kinder mit Wahrnehmungsstörungen es hier besonders schwer. In diesen Fällen muß das Unterscheiden von Lauten häufig geübt werden. Beispielsweise den Geräuschen draußen zuhören (Auto, Bus etc.).

Stottern

Obschon das Stottern verschiedene Ursachen haben kann, ist es sehr oft unbekannt, warum gerade dieses Mädchen oder jener Junge stottert. Jungen stottern häufiger als Mädchen. Stotternde Kinder brauchen eine sprechfreundliche Atmosphäre. Singen, Rollenspiele und Puppenspiele sind besonders hilfreich, da Kinder meist nicht stottern, wenn sie sich mit anderen identifizieren. Einige Kinder stottern aus psychischen Gründen und brauchen heilpädagogische oder spieltherapeutische Hilfe. In jedem Fall sollte die Situation für die Kinder nicht angespannt sein, sie sollten nicht unter Druck geraten. Gespräche mit den Eltern sind hier besonders wichtig.

Die Sprech- und Sprachentwicklung

Heiserkeit

Dies ist kein Sprech- sondern ein Stimmproblem, das eine wachsende Anzahl von Kinder betrifft. Meist handelt es sich um besonders gesprächige und aktive Kinder, seltener um zurückhaltende mit leisen Stimmen. Heiserkeit ist in den meisten Fällen ein vorübergehender Zustand, und die Kinder selbst leiden in der Regel nicht darunter. Manchmal kann sich allerdings in den Stimmbändern ein „Knoten" bilden, der allerdings gewöhnlich spätestens in der Pubertät verschwindet. Erwachsene sollten Kinder in großen Gruppen ermutigen zu sprechen und nicht zu schreien. Hilfreich sind Entspannungsübungen, und die Kinder sollten lernen, richtig zu atmen.

WAS WIR BEI SPRECHPROBLEMEN WISSEN MÜSSEN

- Hat das Kind gesaugt, als es klein war?
- Wann begann das Kind mit dem Plappern?
- Hat das Kind ungewöhnlich oft einen Schnuller benutzt?
- Hat das Kind mit dem Schnuller im Mund geredet?
- Aus wievielen Wörtern bestehen die Sätze, die das Kind bildet?
- Verstehen die Eltern, was das Kind sagt?
- Verstehen andere, was das Kind sagt?
- Wurde das Hörvermögen des Kindes überprüft?
- Hat das Kind oft entzündete Ohren?
- Haben Geschwister (sofern vorhanden) ebenfalls Probleme mit der Sprech- oder Sprachentwicklung?

Sprechen Sie mit den Eltern und sagen Sie ihnen, daß ihr Kind möglicherweise nicht hört, wenn es einen Fehler beim Sprechen macht, und daß Nörgeln dem Kind nicht hilft. Der Grund könnte eine nicht ausreichend entwickelte auditive Wahrnehmung sein, und dann wird dem Kind am besten geholfen, wenn die Eltern viel mit ihm sprechen und insbesondere schwierige Wörter immer wieder richtig sagen. Wenn das Kind Fehler macht, sollten die Eltern den Satz richtig wiederholen. Durch Wiederholung lernt das Kind mit der Zeit, wie Wörter und Sätze richtig klingen. Erwachsene müssen darüber nachdenken, wie sie sprechen. Sprechen Sie ruhig und verständlich und bilden Sie nicht zu lange Sätze? Verwenden

Die Sprech- und Sprachentwicklung

sie schwierige Wörter, Slang oder umgangsprachliche Ausdrücke? Können Sie deutlich und auf einfache Art und Weise sagen, worum es ihnen geht? Erwachsene sollten sich immer wieder daran erinnern, daß sie die Vorbilder für die Sprachentwicklung ihrer Kinder sind.

Eine verzögerte Sprachentwicklung kann zwei Gründe haben:

- unzureichendes Sprachverständnis: Aufgrund seines mangelhaften unzureichenden Wortschatzes begreift das Kind nicht, was man ihm sagt.
- unzureichende sprachliche Ausdrucksfähigkeit: Als Ursachen kommen eine schwach entwickelte Mundmuskulatur, eine zu geringe Sensibilität von Lippen und Zunge, aber auch eine verzögerte auditive Wahrnehmung in Frage.

Beide Schwierigkeiten können überprüft werden. Es gibt verschiedene Tests, um die genauen Ursachen für die Schwierigkeiten herauszufinden und Fördermöglichkeiten zu planen. Es kann wichtig sein, den Wortschatz des Kindes zu untersuchen und zu prüfen, ob es das richtige Wort für den richtigen Gegenstand verwendet. Eingewanderte Kinder, die im Elternhaus eine andere Sprache sprechen, brauchen besondere Hilfe. Sie ahmen oft die anderen Kinder nach, ohne zu wissen, welchen Sinn die Wörter haben.

Die Sprech- und Sprachentwicklung

WIE DIE SPRACHE DER KINDER GEFÖRDERT WERDEN KANN

REGELN ZUR FÖRDERUNG DER SPRACHENTWICKLUNG

- Motivieren statt befehlen.
- Selbst Erfahrungen machen lassen statt perfekt vorzumachen.
- Spielen statt trainieren.
- Miteinander sprechen statt belehren.
- Ermutigen statt kritisieren.
- Sich unterhalten statt korrigieren.

Am wichtigsten ist es, viel mit dem Kind zu sprechen. Hilfreich ist es auch, ihm regelmäßig Geschichten vorzulesen, die seinem Sprachniveau und seinem Erfahrungshoriont entsprechen. In vielen Familien mit mehreren Kindern lesen die Eltern dieselbe Bettgeschichte allen Kindern gemeinsam vor. Meist richtet man sich dabei nach dem ältesten Kind. Beim Vorlesen entsteht bei allen Kindern das gleiche Gefühl von Nähe. Wenn die Sprache aber für das jüngste Kind zu schwierig ist, lernt es „abzuschalten", sobald es dem Text nicht mehr folgen kann. Ein kleines Kind braucht mehr Bilder, um sich zu veranschaulichen, was es hört.

Die Förderung eines Kindes mit einer leicht verzögerten Sprachentwicklung findet auf drei Ebenen statt:

- Mundgefühl;
- Mundmotorik;
- auditive Wahrnehmung, Hören.

STIMULIEREN DES MUNDGEFÜHLS

- Mit den Lippen etwas fühlen, das warm, kalt, hart, weich, scharf usw. ist.
- Die Lippen mit einem Pinsel anmalen.
- Honig auf die Lippen streichen und abschlecken.
- Krümel mit der Zungenspitze vom Teller lecken.
- Unter Wasser mit den Lippen „blubbern".
- In verschiedene Gegenstände blasen, diese mit den Lippen dabei umschließen

Die Sprech- und Sprachentwicklung

- „Brum-brum"-Laute mit den Lippen machen, als ob ein Auto vorbeifährt.
- Gekochte Spaghetti „aufsaugen".
- Eis oder Lutscher schlecken.
- In die Ober- und Unterlippe „beißen".
- Grimassen schneiden: auf verschiedene Arten die Lippen verziehen, z.B. die Oberlippe herunterziehen, die Unterlippe hochziehen.
- Mit der Zunge die Zähne zählen.
- Durch einen Kamm blasen und damit Musik machen.
- Mit Strohhalm trinken.
- Schäumen: Ein schmales hohes Glas mit Wasser und Spüli füllen, mit dem Röhrchen um die Wette schäumen (Variante: Mit Lebensmittelfarben das Wasser färben).
- Mit „Tröten" musizieren.
- Tierzungenbewegungen nachahmen, z.B. vom Frosch, Chamäleon, Giraffe.
- Mit Wasser gurgeln und spritzen.
- Um die Wette pfeifen.
- Ein Stäbchen zwischen Oberlippe und Nase einklemmen und so lange wie möglich halten.
- Im Kreis einen Stohhalm von Mund zu Mund geben.

ÜBEN DER MUNDMOTORIK

Um die Muskeln im Mund, in der Zunge und in den Lippen zu trainieren, kann gesaugt, geschleckt und geblasen werden; auch Grimassen sind dazu sehr geeignet.

- Papierkugeln, Tischtennisbälle oder Wattebäusche auf einem Tisch zu einem anderen Kind blasen; das gleiche mit einem ausgeblasenen Ei in einer Wasserschüssel.
- Mit einem Strohhalm ein Papiertaschentuch ansaugen und es auf ein Tablett fallen lassen.
- Wasser oder andere Getränke mit einem Strohhalm saugen.
- Die Zunge mit unterschiedlicher Geschwindigkeit „Scheibenwischer" spielen lassen.
- Die Zunge abwechselnd kurz und dick bzw. lang und spitz machen.
- Eine Schachtel mit verschieden schweren Gegenständen vorbereiten, mit denen das Kind Blasexperimente machen kann.

Die Sprech- und Sprachentwicklung

- Geschichten erzählen und die entsprechenden Bewegungen nachmachen lassen, z.B. von der Katze, die sich sauber schleckt und Milch schlürft oder vom Teddybär, der einen Honigtopf ausleckt oder die alte Frau, die im Frühjahr ihr Haus putzt (der Mund ist das Haus, die Zunge das Putzgerät).

STIMULIERUNG DES HÖRENS

Töne und Wörter unterscheiden:
- Hören, ob Töne hoch oder tief sind.
- Tierstimmen nachahmen.
- Töne suchen.
- Eine versteckte tickende Uhr suchen.
- Verschiedene Töne vergleichen, z.B. Reis und Erbsen in verschiedenen Gläsern
- Verschiedene Rhythmen anhören und durch Händeklatschen nachahmen.
- Gegenstände auf den Boden fallen lassen und zuhören, wie sie klingen.
- Die Stimmen der Kinder auf einen Kassettenrecorder aufnehmen und anhören.
- „Malen mit Musik"
- Kaufladen spielen. Kaufen und sich erinnern, was gekauft worden ist.
- „Obstsalat" (siehe Spieleliste)

Weitere Anregungen finden Sie im Kapitel über auditive Wahrnehmung im Abschnitt „Wie das Hören der Kinder gefördert werden kann."

SPRACHTRAINING

Einige Kinder haben Schwierigkeiten, sich sprachlich auszudrücken. Sie bilden unvollständige Sätze mit einem geringen Wortschatz und vergessen Wörter und Präpositionen. Solche Kinder sollten in Ruhe kommunizieren können mit einem Erwachsenen, der viel Zeit zum Zuhören hat und sich auf ihr sprachliches Entwicklungsniveau einläßt. Sie benötigen viele Gelegenheiten, um zu spielen, sich Geschichten auszudenken oder einfach geschriebene Bücher mit klaren Sätzen zu lesen oder vorgelesen zu bekommen. Dasselbe Buch sollte immer wieder gelesen werden.

Die Sprech- und Sprachentwicklung

HEISERKEIT

Zahlreiche Kinder sind immer oder fast immer heiser. Häufiger sind es Jungen und in der Regel die dominantesten, lebendigsten und gesprächigsten Kinder. Es gibt natürlich auch scheue, heisere Kinder, die ihre Stimmen eher „zurückhalten" und dabei die Stimmbänder dehnen. Die Kinder erleben ihre Heiserkeit nur selten als etwas Unangenehmes und sind von daher nicht negativ, aber auch nicht positiv motiviert, etwas dagegen zu tun. Wenn Erwachsene „kreischende" Kinder vom Schreien abhalten, verbessern sich deren Stimmen automatisch. Da Schreien Kinder wie Eltern gleichermaßen anstrengt, kann es sinnvoll sein, diese Kinder in einer Gruppe zusammenzufassen, in der sie lernen, ihre Stimmen richtig einzusetzen.

GRUPPENAKTIVITÄTEN FÜR DIE STIMME

Erzählen Sie den Kindern, daß die Stimmbänder aussehen wie zwei Bänder, die entweder steif oder weich sind. Wenn sie „aus dem Bauch" reden, tief einatmen und nicht brüllen, dann sind die Bänder weich, wenn sie sich bewegen. Wenn man schreit, werden die Bänder steif und schlagen gegeneinander. Das kann zu Schmerzen am Rand der Bänder sowie zu Heiserkeit führen.

- Die Kinder sollen mit Schreien experimentieren und spüren, was dabei in ihren Kehlen passiert.
- Sie sollen mit dem Bauch atmen und laut rufen und den Unterschied zum Schreien spüren.
- Die Kinder werden in zwei Gruppen aufgeteilt und einander gegenübergestellt. Eine Gruppe schreit, die andere ruft. Dann wechseln.

Diese Übungen sollten wöchentlich einige Male wiederholt werden.

ÜBUNGEN ZUM ANSPANNEN UND ENTSPANNEN

Aufwärmen: In einem großen Kreis sitzen. Den Körper aufwärmen – ein Körperteil nach dem anderen.

Finger: Die Faust ballen und strecken. Eine Hand schütteln, zwei Hände schütteln. Die Hand kreisen lassen, so daß der Ellbogen sich mitbewegt.

Die Sprech- und Sprachentwicklung

Die Bewegung vergrößern, so daß der ganze Arm sich mitbewegt.
Schulter: Die Schulter hochziehen und sie dann fallenlassen. Vorwärts und rückwärts rollen.

Kopf: Zur Decke empor-, auf den eigenen Bauch hinabschauen, drehen nach rechts und nach links, die Sitznachbarn auf der Rechten und auf der Linken grüßen.

Gesicht: Grimassen machen.

Gesäß: Entspannen und Zusammenpressen.

Beine und Füße: Die Zehen ausstrecken, ballen und kreisen lassen. Den Fuß in beide Richtungen rollen. Das Bein heben und kreisen lassen. Auf dem Boden sitzen und sich mit den Beinen rutschend vorwärts und rückwärts bewegen.

Ganzer Körper: Den ganzen Körper anspannen und entspannen. Aufstehen und alle Spannung mit Musik abschütteln.

Atemübungen

- Achseln hochziehen und fallen lassen. Entspannen.
- Die Finger sind fünf Lichter. Ein Licht nach dem anderen auspusten. Die andere Hand dabei auf den Bauch legen und das stoßartige Ausatmen fühlen.
- Warme Luft in die Hände blasen (Bauchatmung).
- Einen Luftballon aufblasen. Fühlen, wie der Bauch sich einzieht, wenn keine Luft mehr in der Lunge ist.
- So tun, als rieche man eine wunderbar duftende Blume (tiefes Einatmen).
- Den Bauch von jemandem berühren, während sie oder er ein kurzes F spricht. Dasselbe mit einem S.
- Husten. Spüren, wie der Bauch sich dabei bewegt.

Stimmübungen

- In die Hand blasen, als ob es kalt wäre und man friert. Alle Vokale üben: ha, he, ho usw. (blasen mit Unterstützung der Bauchmuskulatur).

Die Sprech- und Sprachentwicklung

- Jetzt mache ich Dir Angst: Bu, bo, ba (mit allen Vokalen). Die Lautstärke der Stimme mit Hilfe des Bauches erhöhen (tiefe Töne).
- Ein Kobold spricht: Ha-a, ha-a-a, ha-a-a-a-a-a.
- Ein Hund bellt: Wuuf, wuuf, wau – au, wau-wau-wau.
- Resonanzübung: An etwas denken, was gut schmeckt und sagen mmmmmmmmm-mmmm-mmmm-mmmm. Weitere Übung Ding-Dong-Ding u.s.w.
- Eine Kuh macht: Muh, muh, muh-muh-muh
- Wir rufen: Hallo, komm her, hör zu, sei still, geh weg u.s.w. Das kann auch als Echoübung gemacht werden, einmal laut, einmal leise.
- Eine Fliege macht: Bz-zzz-zzz-zzz, Bz-zz-zz.
- Ein Kuckuck macht: Ku-ku-ku-kuk (hier kann man gut entspannte Laute auf zwei Tonhöhen üben).
- Eine Katze macht: Miau (hier gleiten wir über unseren gesamten Stimmumfang).
- Ein Vogel macht: Piep, piep-piep (hier ist die Stimme in einer leisen Haupttonlage ganz entspannt).

ANREGUNGEN FÜR DIE DISKUSSION IM TEAM UND BEI ELTERNABENDEN

1. Welche Möglichkeiten zur Förderung der sprachlichen Entwicklung lassen sich in den Kindergartenalltag integrieren?
2. Was ist Stottern? Kenne ich jemanden, der stottert? Wie reagiere ich darauf?
3. Welche Sprachen werden in der Kindergruppe gesprochen? Begreifen jene Kinder, deren Sprache eine andere ist als die in der Gruppe gesprochene, was sie sagen, oder ahmen sie nur nach, ohne zu wissen, was die Wörter bedeuten.
4. Ein Programm zum Mundtraining erstellen, das mit der ganzen Gruppe durchgeführt werden kann. Eine Geschichte erfinden mit Mund- und Zungenbewegungen.
5. Lustige Reime und Verse sammeln.

Themen für den Elternabend:

- Das physiologische Stottern als natürliche Phase der Sprachentwicklung.
- Über gute und dem Entwicklungsniveau entsprechende Kinderbücher sprechen.
- Vormachen und üben, wie man am besten eine Geschichte erzählt.
- Darüber sprechen, was die Kinder im Fernsehen anschauen, wie sie sich dabei verhalten. Fragen, wer ihnen Erklärungen gibt, wenn sie etwas nicht verstehen.

Die Integration der Sinne

Die in den verschiedenen Wahrnehmungsbereichen entwickelten Fähigkeiten bilden die Grundlage für das, was ein Kind normalerweise in den unterschiedlichen Altersstufen zu tun in der Lage ist. Um schwierigere und komplexere Aufgaben zu bewältigen, müssen die verschiedenen Sinne integriert werden können. Die im folgenden aufgelisteten Fähig- und Fertigkeiten erfordern eine Integration dieser Art. Wenn ein Kind Schwierigkeiten mit bestimmten Aufgaben hat, dann sollten Sie im entsprechenden Kapitel nachschlagen, wie es verstärkt gefördert werden kann und was es häufiger üben sollte.

0 – 1 Monat
Der Säugling reagiert auf Temperaturen.
Er macht „Geh-Bewegungen", wenn er aufrecht über einer festen Unterlage gehalten wird.

3 – 4 Monate
Der Säugling spielt mit seinen Fingern und mit über ihm aufgehängten Spielsachen.
Er stützt sich auf seine Unterarme.
Er streckt seine Hand aus und greift nach einem Gegenstand, er beginnt diesen loszulassen.
Er plappert und spielt mit unterschiedlichen Tönen.
Er lächelt Menschen an.
Er folgt mit den Augen einem Gegenstand von links nach rechts, hinauf und hinunter und im Kreis.

5 – 6 Monate
Das Baby untersucht Gegenstände mit dem Mund und den Fingern.
Es spielt mit seinen Zehen und hält größere Gegenstände mit beiden Händen fest.
Es nimmt einen Gegenstand von einer Hand in die andere.
Das Baby imitiert und wiederholt seine eigenen Geräusche und Töne.

Die Integration der Sinne

8 – 9 Monate
Das Kleinkind krabbelt auf seinem Bauch und kann stehen, wenn ihm dabei geholfen wird.
Es untersucht seine Umgebung.
Es spielt Nimm- und Gib-Spiele.
Es hält in jeder Hand einen Gegenstand und schlägt sie gegeneinander.
Es ahmt alle Geräusche nach, die es hört.
Es versteht einzelne Wörter.

1 Jahr
Das Kleinkind beginnt mit Kreide, Bleistift und Papier zu spielen.
Es trinkt aus einem Becher.
Es weiß, daß es seinen Darm entleeren muß.
Es beginnt sich für einfache Bilderbücher zu interessieren.

1 1/2 Jahre
Das Kleinkind kennt seinen eigenen Namen.
Es spielt mit Kreide, Stiften und Papier und fertigt einfache Kritzelzeichnungen an.
Es hilft beim Anziehen mit.
Es interessiert sich für Bilderbücher.

2 Jahre
Die Kritzelzeichnungen des Kindes werden vielfältiger.
Es interessiert sich für Bilderbücher.
Es kann ähnlich aussehende Formen zuordnen.
Das Kind dreht Bilder in die richtige Position.
Es legt Klötzchen in eine Reihe.
Es versteht die Bedeutung von „keine" und „viele".
Es hilft beim Ausziehen.
Es beginnt damit, sich die Hände zu waschen und zu trocknen.
Es versteht einfache Geschichten in einem Bilderbuch.

Die Integration der Sinne

2 1/2 Jahre
Das Kind zeichnet Kreise.
Es interessiert sich für Bilderbücher.
Wenn es nach einem Gegenstand von einer bestimmten Form gefragt wird, kann es Würfel, Zylinder und Dreiecke unterscheiden.
Es versteht die Zahl eins („gib mir einen Ball").
Es versteht „gib mir alle Klötzchen".
Es versteht die Adjektive „klein" und „groß".
Es kann drei Klötzchen der Größe nach ordnen.
Es kann bis zwei zählen.
Wenn es auf den Topf gesetzt wird, benützt es diesen auch.
Wenn das Kind regelmäßig auf die Toilette gebracht wird, ist es manchmal schon „trocken".

3 Jahre
Das Kind zeichnet horizontale und vertikale Linien sowie unterschiedliche Kreise.
Es trinkt mit einem Strohhalm.
Es macht mit einem Strohhalm Seifenblasen.
Es geht von sich aus auf die Toilette, braucht dort allerdings noch Hilfe.
Es erkennt seine Kleider wieder.
Es zieht sich meistens allein an.
Es ordnet Gegenstände unterschiedlicher Form in verschiedenen Haufen an.
Es versteht „gib jedem Kind eines davon".
Es weiß, was die Zahl zwei bedeutet („gib mir zwei Stück").

4 Jahre
Das Kind kann sich selbst anziehen.
Es wäscht sich allein.
Es zeichnet Kreise, Kreuze, schiefe Linien.
Erkennt Unterschiede und Ähnlichkeiten auch von beinah gleich aussehenden Gegenständen.
Es zählt bis fünf und weiter.

Die Integration der Sinne

Es versteht den Satz „gib jedem zwei Dinge".
Es weiß, was die Zahl vier bedeutet.
Es klatscht dreimal in die Hände.
Es sieht, daß irgendwo drei Gegenstände liegen, ohne sie zu zählen.
Es versucht einen Purzelbaum zu schlagen, beginnt mit einem Kopfstand und landet seitlich.
Es zeichnet einen „Menschen" („Kopffüßler").

5 Jahre
Es geht allein auf die Toilette, braucht beim Saubermachen noch Hilfe.
Es verbindet zwei Punkte mit einer Linie.
Es kann aus zehn Buchstaben Paare bilden.
Es zählt bis zehn oder weiter.
Es kennt sein Alter.
Es versteht „so viel", „so viele".
Es kennt fünf Zahlen.
Es zeichnet einen differenzierteren „Menschen".
Es beginnt Purzelbäume zu schlagen.
Es schreibt seinen Namen, allerdings sind einige Buchstaben noch verkehrt herum geschrieben.
Es spricht über etwas, was bereits geschehen ist.

6 Jahre
Das Kind kann pfeifen.
Es wäscht und trocknet sich selbständig ab.
Es zeichnet ein Dreieck, ein Quadrat, ein Rechteck und ein Kreuz.
Es erkennt verschiedene Formen von Gegenständen wieder, z.B. der Tisch ist rund, das Fenster rechteckig.
Es schreibt seinen Namen richtig.
Es stellt die Zahlen eins bis neun in die richtige Reihenfolge und sieht, welche Zahlen fehlen, wenn man zwei davon wegnimmt.
Es versteht „erste", „zweite", „letzte" usw.

Die Integration der Sinne

Vier Punkte erkennt es als die Zahl vier, ohne sie zählen zu müssen.
Es zählt bis zwanzig oder weiter.
Es sortiert Gegenstände nach ihrer Länge.
Es schaukelt.
Kann Dinge wiederholen und Details wiedergeben.
Es nimmt am Telefon eine Nachricht entgegen.

7 Jahre
Das Kind schnürt eine Schleife.
Es schreibt seinen Namen richtig.
Es zeichnet einen Drachen ab.
Es kann zu drei Gegenständen weitere zwei dazustellen und weiß, daß dies dann fünf Dinge sind.
Es weiß, wieviele Finger eine Hand hat.
Es kann bis vierzig oder weiter zählen.
Es kennt die vollen Stunden auf der Uhr.

SPIELELISTE

Luftballonspiel

Die Kinder stehen im Kreis und halten sich an der Hand. Sie erzählen folgende Geschichte: „Einmal war ein Kind auf dem Jahrmarkt und bekam einen Luftballon, den es aufblasen sollte." Alle Kinder blasen so stark wie sie können und bewegen sich langsam rückwärts, damit der imaginäre Ballon sich mit Luft füllen kann und riesengroß wird. „Jetzt ist er so groß, so groß, aber wir müssen noch einmal blasen, dann wird er noch größer. Aber .... der Ballon platzt!" Peng! Alle Kinder fallen auf den Boden. „Das Kind bekommt einen neuen Ballon, diesen müssen wir jetzt aber sorgfältiger aufblasen." Die Kinder stehen wieder in den Kreis, bewegen sich in die Mitte und blasen langsamer. Sobald der Ballon groß ist, entdecken sie, daß die Luft langsam entweicht und finden ein Loch. Alle Kinder „zischen" und bewegen sich langsam wieder in die Mitte. Erst beim dritten Mal glückt das Aufblasen.

Katz und Maus

Alle Kinder bis auf zwei halten sich an den Händen und bilden einen Kreis. Eines der beiden Kinder ist die Maus und muß in die Kreismitte, das andere Kind spielt die Katze und steht außerhalb. Die Katze versucht nun, die Maus zu fangen. Die Kinder, die den Kreis bilden, helfen der Maus: Sie halten die Hände hoch, um sie durchzulassen, oder blockieren die Katze, indem sie die Hände nach unten drücken, wenn die Katze in die Mitte will. Sobald die Katze die Maus gefangen hat, übernehmen andere Kinder die beiden Rollen.

Ungekochte und gekochte Spaghetti

Die Kinder liegen am Boden und sind Spaghettis. Anfangs sind sie noch ungekocht, steif. Zunächst gehen Sie herum und fühlen, „wie hart die Spaghettis sind". Dann tun Sie so, als ob Sie in einem riesigen Topf Wasser kochen, geben Salz hinzu und werfen schließlich die Spaghettis in den Topf hinein (die Kinder rollen auf dem Boden herum und kommen in den Topf). Während die Spaghettis kochen, machen die Kinder Kochgeräusche (blubber, etc.). Die Spaghettis werden weicher und weicher und lösen sich schließlich vollkommen auf. Gehen Sie herum und berühren Sie die Kinder, prüfen Sie nach, ob sich diese entspannt haben.

Spieleliste

Mach dies – mach das

Die Kinder stehen in einer Schlange, vor ihnen ein Anführer. Er guckt sie an, macht eine Bewegung und sagt: „Macht das!" Die anderen Kinder ahmen die Bewegung nach. Während der Anführer eine neue Bewegung vormacht und dabei sagt: „Macht das!" bleiben die Kinder still und unbeweglich. Dieses Spiel fördert den kinästhetischen Sinn und das Hörvermögen.

John

Alle Kinder stehen hintereinander in einer Schlange. Die vorderste Person ist „John", und sie muß eine Bewegung vormachen. Alle anderen folgen ihr. „John" kann seine Bewegungen verändern. Nach einer Zeit stellt er sich ganz hinten in die Reihe, so daß das nächste Kind „John" wird und eine neue Bewegung vorgibt. Hier ist es wichtig, daß die Kinder genügend Zeit bekommen, um die Bewegungen exakt so nachzumachen, wie sie ihnen vorgemacht werden. Dieses Spiel kann sowohl drinnen wie auch draußen gespielt werden.

Gebratener Fisch

Alle Kinder liegen auf dem Rücken und Sie erzählen folgende Geschichte: „Ich brate Fische und habe gerade die ganzen weichen Fische ausgenommen". Gehen Sie herum und überprüfen Sie, ob die Kinder sich entspannt haben. „Jetzt nehme ich eine große Bratpfanne, lege ein Stück Butter und die Fische hinein. Die Butter schmilzt." Alle Kinder machen „Schmelz-Geräusche" mit ihren Mündern und schütteln währenddessen leicht ihre Körper. „Jetzt nehme ich eine große Kelle und wende die Fische." Die Kinder drehen sich auf den Bauch (beobachten Sie, wie sie vom Rücken auf den Bauch rollen). „Jetzt nehme ich noch etwas mehr Butter." Die Kinder „schütteln" sich nochmals. „Jetzt wende ich die Fische wieder."

Spieleliste

Alle Kinder rollen auf ihren Rücken (beobachten Sie, wie sie sich wenden). Jetzt sind die Fische gebraten, und ich schaue, welche knusprig und welche noch zu weich sind". Gehen Sie herum und berühren Sie die Kinder. Diejenigen, die „knusprig" sind, können aufstehen (stellen Sie sich hinter das Kind, nehmen Sie seinen Kopf in die kellenähnlich geformten Hände und „ziehen" Sie es hoch). Die noch „weicheren" Kinder bringen Sie auf die gleiche Weise zum Sitzen.

Obstsalat

Die Kinder stellen unterschiedliche Obstsorten dar. Wenn Sie „Äpfel" rufen, dann rennen und hüpfen alle Äpfel im Zimmer herum. Wenn Sie „Birnen" rufen, tun die Birnen dasselbe. Wenn Sie „Obstsalat" sagen, tanzen und springen alle Kinder durcheinander.

Ziegenbock

Ein Kind sitzt oder steht, ein zweites Kind steht hinter ihm und sagt: „Lieber Ziegenbock, wieviele Hörner hast Du heute?" Das zweite Kind drückt eine Anzahl Finger in den Rücken des ersten, und dieses muß die Anzahl raten.

Kim-Spiel

Die Kinder sitzen im Kreis. Sie legen drei oder vier Gegenstände in die Mitte. Ein Kind schließt die Augen, währenddessen ein anderes einen Gegenstand wegnimmt und ihn hinter seinem Rücken versteckt. Das Kind mit den geschlossenen Augen muß gucken und erraten, welcher Gegenstand fehlt.

Schwarzer Mann

Das Spiel sollte auf dem Spielplatz gespielt werden. Die Kinder stehen in einer Reihe am besten am Rande eines Spielfeldes. Ein Kind ist der „Schwarze Mann" und steht vor der Gruppe. Es ruft: „Wer hat Angst vor dem Schwarzen Mann?" Alle Kinder antworten: „Ich nicht" und versuchen, ohne gefangen zu werden, auf die andere Seite des Spielfeldes zu laufen. Die „gefangenen" Kinder werden auch „alte Männer". Das Spiel dauert so lange, bis alle Kinder gefangen sind.

Spieleliste

Reise nach Jerusalem

Eine Anzahl Stühle in der Mitte des Raumes aufstellen (Rücklehne an Rücklehne). Es sollte ein Stuhl weniger sein als Kinder, die mitspielen. Die Kinder bewegen sich zu Musik und hüpfen um die Stühle herum. Wenn die Musik aufhört, müssen sie sich sofort auf einen der Stühle setzen. Ein Kind bleibt stehen, nimmt einen Stuhl weg und muß ausscheiden. Das Spiel dauert solange, bis nur noch ein Stuhl und zwei Kinder übrig bleiben. Das Kind, das zuletzt auf dem übriggebliebenen Stuhl sitzt, hat gewonnen.

Fangen

Ein Kind jagt die anderen und versucht, sie durch Berühren zu „fangen". Wenn es ihm gelingt, ein anderes Kind zu berühren, wird dieses zum „Fänger".

Paar-Fangen

Bis auf ein Kind stehen alle anderen zu zweit da und halten sich an den Händen. Das Kind versucht, ein anderes zu berühren, das seinen Partner oder seine Partnerin dann losläßt und ihm die Hand gibt. Der Partner wird zum Fänger. Das Spielt geht weiter.

Baum-Fangen

Ein Kind versucht, ein anderes durch Berührung zu fangen. Wenn die Kinder einen Baum anfassen, sind sie „frei" und dürfen nicht gefangen werden.

NACHWORT

Es gibt immer mehr Kinder, die im Kindergarten auffallen, die sich mit den Gruppenstrukturen und -angeboten schwer tun und für die Erzieherinnen viele Fragen aufwerfen. Die Erzieherinnen begegnen Kindern, die sich grenzenlos verhalten, sich selbst und andere offensichtlich nicht wahrnehmen und von einem Reiz zum nächsten springen. Kinder, die scheinbar nicht hören und sehen, kein Gefühl für die richtige Dosierung ihrer Kräfte besitzen und sich holpernd und stolpernd durch ihren Alltag bewegen. Andere Kinder sind unbeherrscht, aggressiv, oder sie wirken in all ihren Aktivitäten verlangsamt, haben Sprach- und Kommunikationsprobleme und zeigen andere Entwicklungsrückstände. Ebenso fallen Kinder auf, deren Bewegungen unharmonisch und schlecht koordiniert sind, die ihre Körperfülle nicht organisiert und sich selbst im Raum nicht geordnet bekommen. Dann gibt es – als Gegenpol zu den scheinbar grundlos aggressiven und wütenden – die gehemmten Kinder, die sich nur ungern im offenen Raum bewegen und sich an einzelnen Stationen festzuhalten scheinen. Wieder andere Kinder verwirren dadurch, daß sie zwar nahezu perfekt Einzelheiten unterscheiden, aber keinem übergeordneten Handlungsplan folgen können. Sie haben daher Probleme mit „freieren" Aktivitäten und „offenen" Situationen. Diese Kinder sitzen Stunden vor Puzzles, schneiden komplizierte Muster mit einer Schere, sind aber unfähig zu malen oder sich in der Puppenecke an einem Rollenspiel zu beteiligen. Schließlich gibt es in den Gruppen immer wieder Kinder, die jeden Kontakt mit Sand, Fingerfarben, Wasser meiden, denen Berührungen oder „enge" Spielsituationen, z.B. beim Verkleiden, beim Bauen von Höhlen oder beim Zusammensitzen in der Kuschelecke, Angst machen und die uns auf unergründliche Weise als unnahbar vorkommen.

Diese Kinder fordern Erzieherinnen immer wieder neu heraus, da sie in der Großgruppe des Kindergartens den Ablauf durcheinanderbringen und besondere Aufmerksamkeit verlangen.

Als Mitarbeiter einer interdisziplinären Frühförderstelle aus den Fachbereichen Heilpädagogik und Ergotherapie möchten wir - ergänzend zu den Anregungen von Ylva Ellneby – einige Grundsätze über die Entwicklung und frühe Hilfen für diese Kinder aufzeigen. Je genauer Erzieherinnen den kindlichen Entwicklungsverlauf kennen und je differenzierter sie gelernt haben, das kindliche Verhalten zu beobachten, desto leichter können sie Kinder in ihrer alltäglichen Umwelt anregen und unterstützen.

Nachwort

Entwicklungsunterstützung kann für jedes Kind etwas anderes bedeuten, aber jedes Kind muß alle Entwicklungsschritte durchlaufen. Deshalb ist es erforderlich, ein Kind so lange auf seiner aktuellen Entwicklungsstufe zu unterstüzen, bis es die nächste Stufe erreicht hat. Nur so läßt sich vermeiden, ein Kind zu Aktivitäten anzuregen, die es noch gar nicht bewältigen kann. Kinder dürfen jedoch auch nicht unterfordert werden, da sie sonst die Lust und das Interesse am eigenen Tun verlieren. Entwicklungsunterstützung ist deshalb oft eine Gratwanderung zwischen Über- und Unterforderung. Sie ist dann leichter zu bewältigen, wenn man über entsprechende Erfahrungen und eine einfühlsame Beobachtungsgabe verfügt.

Wenn der fünfeinhalb Jahre alte Andreas zum Stift greift, malt er Kritzelbilder, wie sie sonst Zweijährige malen. Daß er nicht einmal einen einfachen Kopffüßler aufs Papier bekommt, kann vielfältige Gründe haben: Es kann, wie häufig vermutet wird, damit zusammenhängen, daß er Probleme mit der Feinmotorik hat und aus diesem Grund jedes Hantieren mit Stiften vermeidet. Da die Entwicklung der Grobmotorik das Fundament für die Feinmotorik und damit auch für das Malen legt, muß er zunächst mit dem ganzen Körper vielfältige Sinneserfahrungen sammeln und sich ausreichend motorisch betätigen können. Es kann aber auch möglich sein, daß Andreas sich und seine Umwelt ungenügend wahrnimmt, da sein Körperschema noch nicht ausreichend entwickelt ist. Auch dann braucht Andreas, statt malen zu üben, vielfältige Gelegenheiten, seinen ganzen Körper zu spüren: z.B. die Erfahrung von Begrenzungen beim Durchkriechen eines Tunnels oder beim Sitzen in einer Höhle; das Bewegen auf festem, wackligem, weichem Untergrund; die Erfahrung, bewegt zu werden, z.B. in der Hängematte, auf dem Rollbrett oder eingewickelt in ein Tuch geschaukelt oder gezogen zu werden; das spielerische Ausprobieren verschiedener Bewegungsarten, z.B. Kriechen, Krabbeln, Rollen, Rennen, Hüpfen, Balancieren. All das hilft ihm zu spüren, wo er sich mit seinen Körperteilen im Raum befindet. Hat Andreas sich und seinen Körper besser kennengelernt, werden irgendwann diese Erfahrungen auch in seinen Zeichnungen zum Ausdruck kommen.

Nachwort

Die einzelnen Sinnesbereiche, die bei den genannten Kindern besonderer Unterstützung bedürfen, lassen sich nicht isolieren und gesondert fördern. Zwischen allen Bereichen (Motorik, Wahrnehmung, Psyche, Sprache und Denken) bestehen enge Wechselbeziehungen. Jean A. Ayres spricht in diesem Zusammenhang von sensomotorischer Integration. Damit meint sie, daß wir imstande sein müssen, unsere Empfindungen, Wahrnehmungen und Handlungen zu ordnen und miteinander zu verbinden, um sie sinnvoll einsetzen zu können. Dies geschieht in der kindlichen Entwicklung durch beständige Auseinandersetzung mit der Umwelt meist automatisch. Kinder mit Wahrnehmungsproblemen müssen sich diese Integrationsleistung in der Auseinandersetzung mit sich und der Umwelt erst mühsam erwerben. Es geht weniger darum, einzelne Sinnesbereiche zu trainieren als die vielfältigen Fördermöglichkeiten im Kindergartenalltag wie z.B. Kochen, Backen, Aufräumen, Toben auf dem Spielplatz u.a. zu nutzen und auszuweiten.

Bildlich ausgedrückt, kann die sinnliche Wahrnehmung als Rohenergie (Nahrung) für unser Gehirn verstanden werden. Für unser Handeln wird sie nur dann nutzbar, wenn eine gute sensorische Verarbeitung (Verdauung) erfolgt. Obwohl jeder Mensch mit der Fähigkeit dazu auf die Welt kommt, muß er insbesondere das Zusammenspiel der einzelnen Sinne

Nachwort

durch beständige Auseinandersetzung mit seiner Umwelt entwickeln. Die ersten sieben Lebensjahre eines Kindes werden deshalb auch als sensomotorische Phase bezeichnet. Das Kind macht in dieser Zeit vielfältige Sinneserfahrungen, die, je jünger das Kind ist, um so mehr von der Motorik als vom Verstand ausgehen. Wird das Kind älter, ersetzen geistige und soziale Prozesse einen Teil der körperhaften Sinneseindrücke. Das wird aber nur dann möglich, wenn das Kind zuvor sämtliche Phasen der sensomotorischen Entwicklung durchlaufen hat und in seiner Wahrnehmungsentwicklung gefestigt ist. Eine sinnvolle Unterstützung darf also nicht nach Alterstabellen vorgehen, sondern muß das Kind in seiner aktuellen Entwicklungsstufe „abholen".

Die fünf Jahre alten Anne fiel durch ihren tapsigen Gang und ihre unsichere Stiftführung auf. Sie mied viele Spiele und Puzzles, Turnen machte ihr Angst, und für Bewegungsspiele draußen war sie nie zu gewinnen. Stets wirkte sie schüchtern und motivationsschwach, bis sich herausstellte, daß sie stark kurzsichtig ist. Anne fühlte sich verunsichert und machte dadurch in ihrem bisherigen Leben weniger konkrete Welterfahrungen. Oft eckte sie an, und das nicht nur im körperlichen Sinn, da sie komplexere Situationen nicht erfassen und einschätzen konnte. Seit ihr Sehfehler mit einer Brille korrigiert wurde, lernt sie auf ihr Umwelt zuzugehen, sie traut sich viel mehr auszuprobieren und kann ihre Eindrücke besser verarbeiten und ordnen. Dabei muß sie auf einer früheren Stufe „abgeholt" werden. Sie benötigt einen Spielraum für grobmotorische Körpererfahrungen, muß sich selbst und ihre Umwelt durch unmittelbare Eindrücke und Erlebnisse erfahren. Nur so kann sie die bis jetzt unpräzisen Welterfahrungen neu erleben und ihr aufgrund von Fehlsichtigkeit entstandenes Körper- und Weltbild revidieren. Anne gleich mit Übungen zur Feinmotorik zu konfrontieren, wäre falsch. Sie braucht vielfältige basale Erlebnisse des Bewegens, Bewegtwerdens, des Experimentierens im Alltag, damit sie wie ein jüngeres Kind noch einmal ihre Welt erforschen, erleben und sich in ihr zurechtfinden kann. Nur so kann sie sich ein Fundament für die Feinmotorik und für die Anforderungen schaffen, die sie in der Schule wird bewältigen müssen.

Ein wichtiges und in der Praxis bewährtes Prinzip ist es, die Lern- und Unterstützungsanregungen in vielfältigen Varianten anzubieten. Dabei scheint es uns wichtig, nicht nur nach Konzepten vorzugehen, sondern

Nachwort

spontane Anregungen von den Kindern aufzunehmen, da sie dann viel entspannter mit „Leib und Seele" dabei sind. Auf diese Weise erfährt das Kind verschiedene Wahrnehmungsqualitäten und kann eine größere Handlungsbreite entwickeln.

Von elementarer Wichtigkeit für die Unterstützung dieser Kinder ist die Orientierung am Lustprinzip. Wenn ein Kind mit Anforderungen konfrontiert wird, auf die es sinnvoll reagieren und die es bewältigen kann, wird es Spaß daran haben. Die Fähigkeit, Sinneswahrnehmungen ordnen zu können und Aufgaben gewachsen zu sein, verschafft Befriedigung und Selbstvertrauen. Aus solchen positiven Erfahrungen entsteht dann der Mut, sich auf Neues einzulassen und zu experimentieren. Oft erleben wir, daß Kinder in ihren schwachen Bereichen ein Vermeidungsverhalten zeigen. Wenn sie trotz vermehrter Anstrengungen immer wieder Mißerfolge verbuchen müssen, wenn sie Zusammenhänge nicht erfassen, Gesehenes oder Gehörtes nicht einordnen und sich selbst nicht spüren können, resignieren sie und weichen entsprechenden Eindrücken und Handlungen aus. Deshalb ist es so wichtig, nicht bei den Defiziten anzusetzen, sondern ganzheitlich das Kind auf seiner Entwicklungsstufe abzuholen, an seinen starken Seiten anzuknüpfen und ihm dabei sozusagen nebenbei in allen Sinnesbereichen umfassende Erfahrungen zu ermöglichen.

Eric, sechs Jahre alt, hat immer wieder Probleme, verschiedene Handlungen zu einer Handlungskette zu verknüpfen. So weiß er oft nicht, welches Kleidungsstück in welcher Reihenfolge anzuziehen ist. Im Schwimmbad sitzt er dann beispielsweise mit bereits angezogenen Schuhen da, hält ratlos die Hose in der Hand und weiß nicht, was er mit ihr anfangen soll. Für Eric kann es eine große Hilfe sein, ihn möglichst oft in Planungsschritte einzubeziehen. Allerdings nicht in Form didaktischer Spiel- und Arbeitsblätter, sondern mit Aktivitäten, die ihn begeistern und auch seine starken Seiten zur Geltung bringen. Eric hält sich gern im Garten des Kindergartens auf und liebt es, dort zu „arbeiten". Mit Hilfe der Erzieherin kann er z.B. das Säen und Auspflanzen einer Sonnenblume planen. Was wird dazu benötigt? In welcher Reihenfolge gehen wir vor? Auf diese Weise kann Eric lernen, über einen längeren Zeitraum zu beobachten, Verantwortung zu übernehmen und auch bei komplizierteren Handlungsketten den Überblick nicht zu verlieren.

Nachwort

Wie wir sehen, geht es bei der Integration der Sinne nicht darum, ausschließlich dort zu unterstützen, wo das Fehlverhalten am stärksten auftritt. Das Ziel muß vielmehr sein, alle Sinnesbereiche anzuregen, das Gehirn des Kindes mit „Sinnesnahrung" zu versorgen und ihm zu helfen, seine Eindrücke zu ordnen, damit es seine Entwicklungsschritte besser bewältigen kann.

Die Beziehung zum Kind sollte von Empathie und Herzlichkeit geprägt sein. Eine gute Beziehung erleichtert es, ein Kind in seinem „Gewordensein" zu verstehen und damit auch zu erkennen, wo es gerade steht und was es braucht. Vor allem braucht es einen emotionalen Schutzraum und natürlich die Gelegenheit, sich mit der Umwelt aktiv auseinanderzusetzen. Dazu ist es nötig, sich auf „die Sprache des Kindes" einzulassen, es mit allen Sinnen wahrzunehmen und den Kontakt zu ihm zu suchen. Wenn auch manche Verhaltensweisen für uns nicht immer leicht zu verstehen sind, ist es nötig, dem Kind zu zeigen, daß es geschätzt wird, so wie es ist. Nur aus dieser Grunderfahrung des Angenommenseins entwickelt das Kind Eigeninitiative.

Neben dem Beziehungsangebot haben die Erzieherinnen die wichtige aufgabe, die Innenräume und Außenspielflächen zu gestalten. Dazu gehören Bereiche, in denen mit Sand und Wasser gespielt werden kann, veränderbare „Hütten" und andere Bauten aus unterschiedlichen Materialien (Bretter, Steine, Seile, Stoffe, Folien, Kisten, Nägel, Draht...), Schaukelgelegenheiten (Hängematte, Schaukel, Wippe) sowie Hüpf- und Klettermöglichkeiten. Hier können die Kinder Erfahrungen in allen Sinnesbereichen machen, sich selbst mit dem ganzen Körper im Raum erleben, etwas bauen, sich in Szene setzen, Handlungsketten einüben, mit anderen Kindern Kontakt aufnehmen, ihre eigenen Stärken und Schwächen erfahren, Grenzen ausweiten und Hilfe annehmen. In den Innenräumen können es die Küche, der Flur, das Bad oder der Gruppenraum sein, wo die Erzieherinnen Angebote zum Hören, Riechen, Schmecken, Tasten, Fühlen, Sehen und zum motorischen Agieren bereitstellen. In einem Kugelbad in der Ecke des Flures kann ein Kind sich intensiv im Raum spüren und seinen Gleichgewichtssinn üben. Gleichzeitig kann es Farben unterscheiden lernen – oder einfach nur für eine Zeit sich aus der Großgruppe entfernen und abtauchen. Im Gruppenraum sollten Alltagsgegenstände wie Decken, Kissen, Tücher, große Spiegel, Seile, Klammern, Schachteln,

 Nachwort

Eimer oder Bretter nicht fehlen, um Ursachen entdecken, Wirkungen erzeugen und Veränderungen wahrnehmen zu können.

Das vielleicht wichtigste ist, daß die Erzieherinnen lernen, das Verhalten der Kinder und seine Gründe zu verstehen. Auffälliges, störendes oder besonders gehemmtes Verhalten stellt immer eine Botschaft dar, mit dem ein Kind – unbewußt – auf Über- oder Unterforderungen, auf psychische Belastungen, Wahrnehmungsdefizite oder Entwicklungsrückstände hinweist. Häufig liegt ein Komplex an Ursachen vor, und die Frage, ob zuerst eine Beziehungsstörung in der Familie, die Wahrnehmungsstörung des Kindes oder die beengten Wohnverhältnisse oder noch etwas anderes für das Verhalten des Kindes verantwortlich sind, ist nur schwer klärbar. Wo es sich um länger auftretende Auffälligkeiten handelt, deren Ursachen unklar sind, ist eine diagnostische Klärung und eine Weitervermittlung an Fachkräfte (Frühförderstelle, logopädische oder heilpädagogische Praxis) erforderlich.

Wenn Christine jeden Morgen wie ein Wirbelwind durch den Gruppenraum saust, von einer Ecke zur nächsten hetzt, dabei andere Kinder anrempelt und sich selbst von der Erzieherin nicht durch Körperkontakt oder direkte Ansprache zur Ruhe bringen läßt, dann muß herausgefunden werden, warum sich Christine so verhält. Helfen wird es ihr in jedem Fall, wenn sie Gelegenheit erhält und die entsprechenden Räume bereitstehen, um sich motorisch auszuagieren und langsam zur Ruhe zu kommen.

Kinder, die bereits frustriert und antriebslos sind und vor ihrem Nichtkönnen resigniert haben, brauchen unkonventionelle Angebote fernab von genormten Spielmaterialien, um ihre – immer auch vorhandenen – Stärken zu entdecken und durch bewältigbare Anforderungen Erfolgserlebnisse zu erhalten.

Abschließend wollen wir anhand zweier Beispiele zeigen, wie sämtliche Wahrnehmungsbereiche ineinandergreifen und wieviele verschiedene „Anreize" zur Wahrnehmungsförderung in einem einzigen Spielangebot bzw. in einer umfangreicheren Gruppenaktivität enthalten sind:

Das bekannte Spiel *Reise nach Jerusalem* (s. Spieleliste) bietet eine Vielzahl von Sinnesanregungen und Verarbeitungsqualitäten: Zunächst kann

Nachwort

jedes teilnehmende Kind seinen Stuhl an den vorgesehenen Ort stellen, was den ganzen Körper und seine Muskelkraft beansprucht. Die Spielanweisungen müssen verstanden und in einen Handlungsplan umgesetzt werden. Während die Vorbereitungen eher ruhig ablaufen, wird im Spiel selbst eine beschleunigte Verarbeitungsfähigkeit gefordert. Das auditive und das visuelle System müssen rasch reagieren, die Bewegungen mit denen der übrigen mitspielenden Kinder koordiniert werden. Diese komplexen Anforderungen verlangen eine enorme Anspannung und Bündelung der Sinneskräfte.

Noch vielfältigere Möglichkeiten, die Wahrnehmungsentwicklung zu unterstützen, enthält das gemeinsame Kochen. Für Kinder ist ein Kochtag immer wieder ein großes Ereignis, gleichgültig, ob sie zuhause beim Plätzchen backen helfen, im Kindergarten Obstsalat schneiden, einen Pudding rühren oder aber nur beim Kochen zuschauen, den achtsamen Umgang mit Lebensmitteln beobachten und sich von den unterschiedlichen Gerüchen, Düften und Geschmacksrichtungen anregen lassen. Es gibt nur wenige Tätigkeiten im Alltag, die so umfassende Fördermöglichkeiten mit einer intensiven, abwechslungsreichen und lustbetonten Sinneserfahrung in einer gemeinschaftsfördernden Atmosphäre und mit einfachen und billigen Mitteln bieten. Je nuancierter wir die Geschmacks- und Geruchsempfindungen und andere Sinnesreize aufnehmen, desto mehr Eindrücke werden in unserer Erinnerung gespeichert. Differenzierende Sinnesschulung erhöht die Genußfähig- und Wahrnehmungsfähigkeit, gleich ob sie sich auf die eigene Person oder auf die Umwelt richtet. Am Beispiel der Zubereitung eines Obstsalats sollen diese Erfahrungsqualitäten verdeutlicht werden:

Handlungsplanung

Überlegen, welche Zutaten und Küchenutensilien benötigt werden;
Einkaufen (oder Obsternte im Garten ...);
Überlegen, in welcher Reihenfolge die einzelnen Schritte aufeinanderfolgen (Obst waschen, schälen, Gefäße richten ...).

Förderung des Tastsinns

Fühlen des Obstes und Beschreibung der Oberflächenbeschaffenheit, z.B. glatt, pelzig, runzlig, rauh, weich, klitschig, klebrig, saftig, trocken.

Nachwort

Förderung der Feinmotorik

Hand-Hand Koordination, z.B. schälen, schneiden;
Auge-Hand Koordination, z.B. schneiden, schöpfen;
Umgang mit Messer und Eßbesteck;
Rühren.

Förderung des Geschmackssinnes

Geschmacksrichtungen und -qualitäten herausfinden, z.B. süß – sauer, geschmacksintensiv – geschmacklos;
Obstsorten unterscheiden, z.B. eine Birne aus dem Salat herausschmecken.

Förderung des Geruchssinnes

Wahrnehmen der Gerüche der einzelnen Obstsorten, z.B. mit geschlossenen Augen an einer reifen Birne, an einem Apfel oder an einer Banane riechen.

Sprachliche Förderung

Wortschatzerweiterung;
Kennenlernen und Beschreiben von unterschiedlichen Obstsorten;
Eigenschaften der Früchte beschreiben, z.B. groß – klein, reif – unreif, weich – hart;
Schulung von Mengenbegriffen.

Soziale Kompetenz

Absprachen über die verschiedenen Aufgaben beim Zubereiten des Obstsalats;

- Tisch decken (Wieviele Kinder sind da, wieviele Teller und Bestecke werden benötigt?);
- das Essen gemeinsam beginnen und beenden, z.B. mit einem Lied;
- Austausch über bestimmte Vorlieben beim Essen oder Koch- und Eßgewohnheiten in anderen Ländern und Kulturen;
- richtiger und zweckmäßiger Gebrauch von Geschirr, Besteck, Servietten usw.; das Essen teilen, auf andere Rücksicht nehmen;
- Erziehung zur Selbständigkeit im Alltag.

Nachwort

Sinnvoll ist es, den Kindern zu erlauben, festere Speisen wie Honig, Teig, festen Milchreis o.ä. mit den Fingern zu lecken. In diesem Zusammenhang kann auch über die verschiedenen Eßgewohnheiten in anderen Ländern gesprochen werden. Mit den Fingern zu essen, erhöht nicht nur das taktile Empfinden und die Erfahrung der unterschiedlichen Beschaffenheit der Speisen, sondern die Nahrungsaufnahme wird durch eine intensive basale Körpererfahrung, dem Hand-Mund-Kontakt, zu einem besonderen Erlebnis.

Diese hier nur stichwortartig angedeuteten Fördermöglichkeiten sind natürlich abhängig von den äußeren Rahmenbedingungen sowie den individuellen und gruppenbezogenen psychosozialen Voraussetzungen. Hier ist die Kreativität der Erzieherin gefordert, hier kommen ihre Vorlieben und Abneigungen und ihre Erfahrungen zum Tragen. Ein großer Fundus an Spielideen ist sicher in der „Spielschatztruhe" jeder Erzieherin vorhanden.

Daniel Gehrke, Susanne Natterer, Eva-Maria Sättele

Empfehlenswerte Literatur und Spiele

F. Affolter, Wahrnehmung, Wirklichkeit und Sprache, Villingen-Schwenningen, 6. Aufl., 1992
Felicie Affolter stellt in diesem Buch ihren aus der praktischen Arbeit entwickelten Therapieansatz für Wahrnehmungsstörungen vor. Das Buch lebt von seinen Beispielen, die aus dem Alltag kommen, und bietet dem Erzieher Anregung, mit simplen Alltagsgeschehnissen vielfältige Wahrnehmungsbereiche zu schulen.

J. A. Ayres, Bausteine der kindlichen Entwicklung, Berlin/Heidelberg, 2. Aufl., 1992
Die „Bibel" aller Therapeuten, die mit auffälligen und entwicklungsverzögerten Kindern arbeiten. Dieses Standardwerk gibt einen umfassenden Einblick in die Zusammenhänge unserer Wahrnehmungsentwicklung. Die sensorische Integration, d.h. die ‚Verarbeitung der Sinnesreize, wird hier gut nachvollziehbar dargestellt. Das Buch kann der Erzieherin Hilfe auf dem Weg zum Verständnis für das auffällige Kind sein.

A. Bauer, Minimale cerebrale Dysfunktion und/oder Hyperaktivität im Kindesalter, Heidelberg/New York 1986
Differenzierte Ausführungen zu überaktivem Verhalten von Kindern, auf der Grundlage von Wahrnehmungsverarbeitungsstörungen erklärt. Das Buch gibt einen verständnisvollen Einblick in die Problematik dieser Kinder.

E. Bielefeld, Tasten und Spüren, München 1995
Das Buch beschreibt eine Wahrnehmungsstörung im taktilen System und gibt praktische Ratschläge mit der Störung pädagogisch und therapeutisch sinnvoll umzugehen.

W. Bort, M. Beermann, Mini Spielekartei, 180 Spiele für Kinder von 2 – 6 Jahren, Münster 1996

G. Brüggebors, So spricht mein Kind richtig. Entwicklungen und Störungen beim Sprechenlernen. Wie Eltern und Erzieher helfen können, Reinbek 1987
Ein Buch, das mit praktischen Anregungen gespickt ist und ohne die Theorie zu vernachlässigen. Es gibt sowohl Anregungen für die normale wie auch für die verzögerte Sprachenentwicklung. 237 Spielideen, die alle Nachbarbereiche des Sprechens (Hören, Atmen, Sehen) miteinbeziehen.

G. Brüggebors, Klüger als die Eltern. Mentale Spiele für Kinder, Reinbek 1992
Kleiner Theorieteil zur Funktionsweise des Gehirns, großer Praxisteil zur Körperwahrnehmung, mit interessanten Körperspürspielen.

Empfehlenswerte Literatur und Spiele

F. Buggle, Die Entwicklungspsychologie Jean Piagets, Stuttgart/Berlin/Köln, 2. Aufl., 1993
Grundlagenwerk über die Entwicklungsspychologie Jean Piagets. Eine – etwas trockene – Einführung für alle, die Einblick in die kognitive Entwicklung erhalten wollen.

Differix, Ravensburger Spiele, Nr. 0037370

P. Ehrlich P, K. Heimann, Bewegungsspiele für Kinder, Dortmund 1982
Kurzer Theorieteil, viele anwendbare praktische Spielanregungen für alle Sinnesbereiche.

M. Esser, Beweg-Gründe, München, 2. Aufl., 1995
Eine Einführung in die Psychomotorik nach Bernard Aucouturier, die zugleich die entwicklungs- und tiefenpsychologischen Grundlagen psychomotorischer Auffälligkeiten beschreibt.

M. Evers, Das Spielgruppenbuch. Beschäftigungen, Spiele und Lieder für Kinder ab 2 Jahren, Weinheim 1994

M. Frostig, Visuelle Wahrnehmungsförderung. Arbeitsheft 1–4, Hannover 1977
Das Buch gibt wertvolle Anregungen für Vorübungen zum Lesen und Schreiben, die im Kindergarten durchgeführt werden können. Ergänzend hierzu gibt es Übungshefte zur visuellen Wahrnehmungsförderung.

M. Frostig, Ph. Maslow, Bewegen – Wachsen – Lernen. Bewegungserziehung M. Frostig-Programm, Hannover 1979
Praktische konkrete Übungen auf dem Hintergrund der Frostig-Methode. In sieben Bereiche gegliederte Spielekarten für die praktische Handhabung.

Hör – Was ist das?, Ravensburger Spiele, Nr. 60553076

B. Holle, Die motorische und perzeptuelle Entwicklung des Kindes, Weinheim 1988
Fachbuch für den Umgang mit entwicklungsverzögerten und behinderten Kindern. Das Buch bietet einen Überblick über die verschiedenen motorischen und Sinnesfunktionen, jeweils chronologisch von der Geburt bis ins Schulalter. Am Ende des Buches befindet sich eine herausnehmbare Entwicklungstabelle. – Ein Werk für die Kindergartenbibliothek, das ein rasches Nachschlagen des Entwicklungsverlaufs ermöglicht.

Empfehlenswerte Literatur und Spiele

B. Hugenschmidt, J. Leppert, Heilpädagogische Sprachförderung im Vorschulalter. Eine Einführung, Freiburg i. Br. 1993
Der Überblick über die Theorien des Spracherwerbs sowie über die Sprachentwicklung kann Hilfen für das Beobachten des Erziehers im Gruppenalltag geben. Die beiden Autorinnen plädieren für eine ganzheitliche spielerische Förderung. Theoretisch fundiert und gut lesbar.

D. Jost (Hrsg.), Sinn-Salabim, Tasten-Hören-Sehen: Spiele und Theaterprojekte für Kinder, 1993

A. Kerksiek, K. Vopel, Der Ziegenbock im Rübenfeld. Geschichten zum Mitspielen für Kinder von 3 bis 7 Jahren, Salzhausen 1996.

G. Kesper, C. Hottinger, Mototherapie bei Sensorischen Integrationsstörungen, München/Basel, 2. Aufl., 1993
Gut verständliche Ausführungen zur Wahrnehmungsverarbeitung mit kleinem aber kompakten Praxisteil

E. J. Kipphard, Unser Kind ist ungeschickt – Hilfen für das bewegungsauffällige Kind, München 1989
Die Grundlagen der psychomotorischen Übungsbehandlung, dargestellt anhand von Fallbeispielen. Im Anhang vielfältige Übungsanregungen für das zwei- bis zehnjährige Kind.

E. J. Kipphard, Motopädagogik, Dortmund 1979
Leicht verständliche Theorie über die psychomotorische Bewegungsentwicklung mit praktischen Beispielen für die jeweiligen Sinnesbereiche.

E. J. Kipphard, Wie weit ist ein Kind entwickelt? Dortmund 1975
Tabellarischer Entwicklungsverlauf von Kindern bis zum Alter von vier Jahren. In das Buch integriert ist das von Kipphard entwickelte sensomotorische Entwicklungsgitter zur Überprüfung des Entwicklungsstandes des Kindes, das auch der Erzieherin vielfältige Hilfen für die Beobachtung des Kindes gibt.

C. Krimm von Fischer, Rhythmik und Sprachanbahnung zur Förderung des entwicklungsgestörten und des behinderten Kindes, Ravensburg 1979
Praxisbezogenes Fachbuch für die heilpädagogische Förderung mit sehr didaktischer Vorgehensweise. Viele der Ideen können jedoch in den Kindergartenalltag integriert werden.

Empfehlenswerte Literatur und Spiele

M. Linn, R. Holtz, Übungsbehandlung bei psychomotorischen Entwicklungsstörungen, München 1995
Kurzer und verständlicher Abriß der Wahrnehmungsentwicklung. 40 Stundenbilder zur psychomotorischen Gruppenarbeit. Viele wertvollen Anregungen, die für die Turn- und Rhythmikstunde im Kindergarten einsetzbar sind.

K. Mertens, Lernprogramm zur Wahrnehmungsförderung, Dortmund 1991
Didaktisch aufgebautes Programm mit praktischen Übungseinheiten.

K. Mertens, Körperwahrnehmung und Körpergeschick, Dortmund, 4. Aufl. 1996

M. Meyer, Die Sprache des Kleinkindes, Hinterdenkental 1989
Konkrete und leicht verständliche Anregungen zur Sprachanbahnung und zum Sprachaufbau.

R. Portmann, E. Schneider, Spiele zur Entspannung und Konzentration, München 1986
Das Büchlein enthält viele Anregungen zu Entspannung und Stille sowie Übungen zur Aufmerksamkeit und Konzentration. Hierbei wird der ganze Körper mit allen Sinnesbereichen einbezogen.

L. Ruf-Bächtiger, Das frühkindliche psychoorganische Syndrom. Minimale zerebrale Dysfunktion – Diagnostik und Therapie, Stuttgart 1987.
Theoretisches Fachbuch zu Minimale zerebralen Dysfunktion. Die Autorin erklärt einfühlsam, warum diese Kinder bestimmte Verhaltensweisen zeigen. Sie entwickelt eine eigene Begrifflichkeit, die es möglich macht, komplexe neurologische Verbindungen gut nachzuvollziehen.

D. Schilling, Gebt mir Halt. Entwicklungsorientierte Behandlung von Kindern mit Wahrnehmungsstörungen in der Ergotherapie, Dortmund 1994
Praxisbezogen, sehr gut umsetzbar.

R. Seitz, TAST-Spiele. Sinn-volle Frühpädagogik, München 1983
Ein Erzieherteam begibt sich im Alltag mit den Kindern auf eine Tastreise – herausgekommen ist ein Buch mit vielfältigen Anregungen für den Kindergartenalltag. Die Reihe der Sinn-vollen Frühpädagogik bietet noch drei ebenso praxisnahe und anregende Titel:

R. Seitz, SEH-Spiele, München 1994

W. Löscher, HÖR-Spiele, München 1992

Empfehlenswerte Literatur und Spiele

W. Löscher, RIECH- und SCHMECK-Spiele, München 1992

W. Singer, E. Schirmer, C. Funke-Frahm, Der neue Daumen Knuddeldick, Ravensburg 1996
Eine Sammlung von Fingerspielen, Trostreimen, Kriereitern und Fingerpuppenspielen

H. Sinnhuber, Optische Wahrnehmung und Handgeschick, Dortmund 1993
Systematische und übersichtlich gegliederte Zusammenstellung von Spielangeboten für die Förderung der visuellen Wahrnehmung und der Feinmotorik vom Säuglings- bis zum Vorschulalter.

S. Stöcklin-Meier, Eins-zwei-drei Ritsche Ratsche Rei – Kinderspielverse zum necken, lachen, hüpfen, tanzen, Ravensburg 1995
Praxisbuch mit unzähligen Angeboten für den Kindergartenalltag.

W. Straßmeier, Frühförderung konkret, 260 lebenspraktische Übungen für entwicklungsverzögerte und behinderte Kinder, München 1984
Das Besondere an diesem Buch sind die Übungen für Kinder von 0 – 5 Jahren. Der Schwerpunkt liegt auf der Einzelförderung.

P. Tietze-Fritz, Wahrnehmungs- und Bewegungsentfaltung. Heilpädagogische Förderung des Kindes in seinen ersten 24 Monaten, Heidelberg, 2. Aufl., 1992
Theoretisches Fachbuch über die frühe Entwicklung des Kindes mit Tabellen zur Überprüfung des Entwicklungstandes. Hier findet der Laie eine kompakte Darstellung der sensomotorischen Entwicklung des Kindes. Hervorragend geeignet als Nachschlagewerk für einzelne Entwicklungsbereiche.

R. Zimmer, Handbuch der Bewegungserziehung, Didaktisch-methodische Grundlagen und Ideen für die Praxis, Freiburg 1995

R. Zimmer, Kreative Bewegungsspiele/Psychomotorische Förderung im Kindergarten, Freiburg 1996

Petra Maria Brandt
Das muß draußen herrlich sein
Wind- und Wetterspiele für
Kindergarten und Hort
1997, 156 Seiten, mit Illustrationen
von Christa Berger, kart.lam.,
€ 13,40 / sFr 24,50
ISBN 3-7841-0935-7

Kinder erleben die Natur oft nicht mehr beim Spiel unter freiem Himmel. Bilderbücher über schöne Wiesen, Tiersendungen im Fernsehen oder ein Garten auf der Fensterbank müssen vielfach als Ersatz-Natur dienen. Dabei ist das Erleben der unterschiedlichen Jahreszeiten mit ihren verschiedenen Reizen wie Regen, Hagel, Sonnenschein und Schnee für die kindliche Entwicklung unverzichtbar.

Dieses Buch ermutigt Erzieherinnen in Kindergarten und Hort, Kinder einen nicht pädagogisierten Spiel-, Lern- und Erfahrungsraum erobern zu lassen. Nach dem Motto „Es gibt kein schlechtes Wetter, es gibt nur falsche Kleidung" bietet es eine Fülle spannender Ideen für das Spiel im Freien mit Feuer, Wasser, Erde, und Luft. Über 300 Spiele, Experimente, Versuche, Bauanleitungen, Geschichten, Anregungen für Gespräche und Beobachtungen ermuntern dazu, mit Kindern bei jedem Wetter nach draußen zu gehen.

Lambertus-Verlag GmbH, Postfach 1026, D-79010 Freiburg

Peter Thiesen
Schönwetterspiele im Kindergarten
Praxis des Spiels im Freien mit
3- bis 6jährigen
2. Auflage 1990, 144 Seiten, mit Illustrationen
von Christa Berger, kart.lam.,
€ 10,30/sFr 19,80 und Staffelpreise
ISBN 3-7841-0512-2

Der Kindergarten ist heute für viele Drei- bis Sechsjährige einer der wenigen Orte unbefangenen Kinderspiels, weil der ansonsten im Freien zur Verfügung stehende Spielbereich durch die Zubetonierung unserer Städte immer mehr eingeschränkt wird.

Ausgehend von einer ganzheitlichen Förderung im Kindergarten möchte das Buch helfen, den Reichtum kindlicher Bewegungs-, Ausdrucks- und Gestaltungsmöglichkeiten im Freien zu entfalten. Den Hauptteil des Buches machen die 200 Spielvorschläge und Gestaltungselemente mit fast ebensovielen Variationsmöglichkeiten aus.

Lambertus-Verlag GmbH, Postfach 1026, D-79010 Freiburg